玉井 仁 著
星井博文 シナリオ制作
深森あき 作画

マンガで
やさしくわかる

認知行動療法

Cognitive Behavioral Therapy

日本能率協会マネジメントセンター

はじめに

「職場の上司からつらく当たられて、会社に行きたくない」
「仲がいいと思っていた人と関係がこじれて、どうしたらいいのかわからない」
「自分ばかりが責任を押しつけられていて、納得がいかないことが多い」
「人とのやり取りの場面で、どうしても感情がうまく出せない」

臨床心理士としてカウンセリングをなりわいとしていると、日々多くの方の悩みや苦しみと向かい合います。その内容は、冒頭で紹介したような日常の悩みから、新聞の紙面やニュースを賑わす虐待、依存症、ＰＴＳＤなどまで、程度も色合いもじつにさまざまです。

人は普通に生活していれば、多かれ少なかれほとんどが人間関係に悩み、自分の手に負えない出来事に出会って落ち込んだり、モヤモヤとした気持ちになったりするものです。では、そんな苦しみの中にいる時、人はどのような状態にあるのでしょうか？

じつは、強く感情を体験している時には、視野が狭くなり、行動もワンパターンになっています。それに気づいたとしても「自分ではどうしようもない」「こうするしかない」と思い込んで、感情を和らげるポイントが見えなくなってしまっています。

みなさんも、人が悩んでいることに対してはうまいアドバイスができるのに、自分のこととなるとそうは簡単にいかず、いつまでたっても苦しみを引きずった経験があることでしょう。

認知行動療法は、そんな苦しい状況に自分自身で対応するための心理療法のひとつです。いつものあなたのものの見方や考え方、行動に少し手を加えることで、あなたを楽に、そしてあなたの心を強くすることができます。

本書は、おもに認知行動療法をはじめて学ぶ方を対象とした入門編として、認知行動療法の全体像をつかみ、実際に日々の生活に役立てていただくことを目指しています。

まずは、各パートの解説に入る前にマンガのストーリーを読んでいただきます。親子会社に出向を命じられ、心のバランスを崩してしまう28歳の梨香さんを主人公に、彼女が認知行動療法と出会って、心を強くしていく様子を描いています。マンガの展開を追いながら、ところどころあなた自身と重ね合わせながら読んでいただけるはずです。文字の解説だけでは伝えきれない雰囲気や感覚を、ストーリーやビジュアルから感じてください。

はじめての方でもすんなり読んでいただけるよう、専門性の高い内容は避け、説明でも専門用語をできるだけ使わず、重要な部分に的をしぼってシンプルに説明することを心がけました。すでにカウンセリングや心理療法を受けてきた方は、認知行動療法が進む際に目を配っておきたいポイントをざっと確認するためにお役立てください。

紹介したさまざまな視点は、必ずしも私が独自に見出したものではありません。多くの先生方や先輩、同僚、そしてお会いしてきたクライエントのみなさんからいただいたものです。

それらがちりばめられた本書を通じて、今度はみなさんが新しい視点を手に入れ、抱える苦しみを少しでも和らげることのお手伝いができたら、これほどうれしいことはありません。

２０１６年４月

玉井　仁

マンガでやさしくわかる認知行動療法　目次

はじめに……003

Prologue 認知行動療法って？

Story 0 ウチの猫がしゃべった!?……012

01 認知行動療法とは……022

02 認知行動療法の仕組み……026

03 認知行動療法の進み方……034

Column1 「正しい考え方」「プラス思考」ありきではない……038

Part 1

自分の気持ちや考えを整理する

Story 1 モヤモヤとランチの問題について……040

01 自分を整理、観察する……062

02 セルフモニタリングのやり方とその効果……070

03 どうなりたいかを確認する……078

04 感情とはどんなもの？……083

05 できそうなことを試してみる……090

Column2 主観と客観……092

Part 2

考え方のクセをつかんで新しい考えを手に入れる

Story 2 心のバランスを見直そう……094
01 考え方のクセとは……116
02 新しい考え方のための基本ポイント……121
03 楽になる考え方とは……126
04 新しい考え方を探す4ステップ（認知再構成法）……132
Column3 変化が進む時とは……140

Part 3

「いつもと違う行動」で世界を広げてみる

Story 3 「できない」って言ってみたら……　……142
01 人はどのように行動しているのか？……166
02 行動のタイプとパターン……173
03 行動を変えるための3ステップ……177
04 人間関係を確認する……185
Column4　協働的実証主義……188

Part 4

問題解決に取り組む

Story 4 消えた「期待」と「モヤモヤ」……190
01 問題解決のための視点……208
02 問題解決に取り組む……214
03 苦手なものに挑戦する……220
Colmn5 人間関係は育てるもの……228
Epilogue いなくなったおしゃべり猫……230
おわりに……234

Prologue

認知行動療法って？

キャットした時に頼ってほしいニャ
ニャンでも相談に乗るニャ
猫田法律相談所♪
Story 0
ウチの猫がしゃべった!?
おおお〜
パチ パチ パチ パチ
梨香ちゃんが担当したCMだってすごいなぁ
うちの村からテレビでCMを作るような人が出るっちゃな
広告代理店なんだけどね
大げさだよ
夏野《なつの》 梨香《りか》 28歳
梨香は父さんと母さんの誇りだわ
これからも東京でがんばりんさい

うん…
チュン
チュン
チュン
チュン
チュン
チュン
また同じ夢……
だめだな！もっとエッジのきいた企画を立てないと
す…すみません…
はぁ…またボツ…
全然企画が通らない
やっぱりそんな簡単じゃないか…
田舎でお父さんとお母さんが期待して待ってるのに…

秋元が手がけたテレビCM評判いいよ！
これからも頑張って
ありがとうございます！
どんどんいい広告作ってみせますよ！
秋元 早織　28歳
早織さんまたほめられてる
同期なのに全然違う
このままじゃどんどん差をつけられちゃう
私ももっと頑張らなきゃ…
カタカタ
カタカタ
まだやってるのか
課長
夏野は完璧主義すぎるぞ
もっと肩の力を抜いてやっていいんだからな
ちょうどよかった少し話いいか？
は…はい

そんな…
だいぶ煮詰まっているようだし
環境を変えたほうが君のためだと思うんだ
え…
子会社に出向ですか？
子会社なんて行っちゃったらCMが作れない…
もう決まったことだ
むこうでいろいろと教えてやってくれ
私は必要がないってこと…？
いいな？
…はい

バンッ
どうして私が子会社に行かなきゃいけないのよ!!
はぁ はぁ
ぼ!
ふ
子会社出向だなんて左遷も同然じゃない!!
入社して5年私なりに精一杯頑張ってきたのに…!!
行きたくないよ…
ニャー
でっぷり
ハル大将っ
うわーーん
梨香の飼い猫
ハル （オス7歳）
私の頑張りは認められていなかったんだ…!
もう会社辞めたいっ!!
きっと課長私のことが嫌いなんだ…!
うえええええんっ
はぁ…

ハル大将に言っても仕方ないよね…
数日後…
本社から来てくれた夏野梨香さんだ
よろしくお願いします
本社の期待の星だそうだから夏野さんからいろいろと吸収するように
そ…そんな
猫田法律相談所のCM知ってるだろあれを担当したんだって
おお
そんなに持ち上げられるとやりにくいじゃない…
!

ドキッ
何…？
何を話しているの…？
1週間後
夏野さん
頼んでた資料はできたかな？
まだです……
すみません
そっか
まぁ慣れるまで仕方ないね
田中くん
これ代わりにやっておいて
……
どうしたんだろ
私…

全然
やる気が
出ない…
どんっ
どさっ
はぁあああ…
ダメだ…
子会社に出向して
以来ずっと
みんなに迷惑かけて
ばかり……
また遅刻ですか
気を引き締めて
くださいよ
すみません
ここにも
ミスが
ありますよ
ごめん
なさい
体調悪そうですけど
大丈夫ですか？
だ…
大丈夫です

何が本社の期待の星よ
全然仕事できないじゃない
どうせ厄介払いされたんでしょう
邪魔するなよ
お前は誰にも評価されていないぞ
みんなが私のことを非難している…
そりゃそうよ…
だって私…
ダメだもん…!
ラァ……
もういやだ誰か助けてっ!!
あんたはダメじゃない
え…

認知行動療法を学べば
自分の心をコントロール
できるようになる
心が変われば
行動も気持ちも
変わる
マイナス思考の
悪循環から
俺が救い出してやるぜ！
ふふっ
ふ
ら
あ
ドサッ
梨香っっ
白目むいてるじゃん!!

認知行動療法とは

01

事実はたったひとつ。捉え方はさまざま

本書のストーリーの主人公、夏野梨香さんは、中堅の広告代理店でＣＭのプランナーとして頑張っていました。ところが、ある日突然、子会社への出向を言い渡されます。そこでは頑張っていたＣＭ制作の仕事から離れることになるようです。

自分が必要とされなくなったように感じた梨香さんはショックを受け、出向先の会社でもなかなかやる気が起きません。新しい環境にうまくなじめず、「みんなが私を非難している」「もうだめだ」といった思いが日に日に強まっている様子です。次第に人の視線に過敏になり、同僚達の雑談すら自分に対する批判的な噂話ではないかと疑うようになりました。

さて、みなさんはこんな梨香さんの様子を見て、どのように感じましたか？

「ちょっと考えすぎでは？」と感じる人もいれば、「自分も同じ立場だったらそう感じるかもしれない」と思う人もいるでしょう。さらには「課長の言葉通り、煮詰まっていたところだったから、出向は環境を変えるチャンス」と前向きに捉える人もいるかもしれません。

「出向」という**事実はたったひとつなのに、その捉え方は、人によってさまざま**だということがわかるでしょうか？　このような、**人によって異なる事実の捉え方、受け止め方を、専門的な言葉で「認知」と言います**。この認知とともに、「うれしい」「悲しい」「怒り」「不安」などさまざまな気分や感情が生まれ、その感情に後押しされて、仕事に集

課長に子会社への出向を命じられ、新しい会社でもうまくいかない梨香。

中する、枕を投げる、泣く、といった「行動」が生まれます。

このように、人は、事実の受け止め方によって、それに応じたさまざま気分や感情、行動を体験するのです。

たいていの人は、普段であれば、例えネガティブな受け止め方をしても、少し後で落ち着いてみると、別の角度から考えることもできるものです。ところが、その苦しみが行き過ぎると、もはや別の見方や考え方はできず、次第に苦しみの深みにはまってしまいます。それが、今の梨香さんの状況です。

そんな様子を見るに見かねて話しかけてきたのが、梨香さんの飼い猫・ハル（通称ハル大将）です。

ハルが悩む梨香さんにすすめたのが、「認知行動療法」です。

梨香さんのように、さまざまな出来事がストレスになり、心理的ケアが必要になる人はいまや10人に1人以上とも言われています。近年、それら**うつ病、パニック障害、強迫性障害などの不安障害に悩む方に有効な心理療法として注目を集めているのが、この認知行動療法です。**

現在では、私達の誰もが日々の生活の中で体験するような、うつ病未満の落ち込みや気分の変化に対しても、心を整える方法として活用され始めています。例えば、学校では心を柔らかくしてさまざまな視点から考えるための練習に使われたり、感情の存在する意味を知る心理教育・感情教育として使われています。職場では状況整理の方法として利用されるほか、人間関係での行き詰まり感を打破するためにどう考えたらよいか、実際に何ができるかなどと具体的な方策として広がりつつあります。

認知行動療法の仕組み

02

人はどのように事実を受け止めているのか？

認知行動療法は、いくつかの理論やモデルに基づいて構築されています。その基本は、すでに述べたように、**事実の受け止め方は、自分の状態に影響する、**ということです。

具体的な手法の説明に移る前に、どんな理論によって組み立てられているのか、その「仕組み」の部分をのぞいてみましょう。

まず最初に、こんなシチュエーションを思い浮かべてみてください。

あなたは出勤途中に上司の姿を見つけます。そこであいさつをしましたが、上司は何も言わず通り過ぎてしまいました……。

さて、上司があなたのあいさつに応えず通り過ぎてしまった原因はいろいろ考えられますね。

では、この状況にひとつだけ条件を加え、改めて考えてみてください。

それは、前日に上司に仕事のミスについてひどく怒られて、あなたはまだその気持ちをひきずっているというものです。するとどうでしょう？

「ミスしたことを覚えていて、私に対して失望しているのかもしれない」

「上司は自分のことを嫌っているのかもしれない」

などと、最初のシチュエーションよりも少し悪い方向に考えるのではないでしょうか？

反対に、昨日、大型の営業案件が決まって上司にほめられていたとします。すると、あいさつを返されなかったことは、「たまたまこちらに気づかなかったのかな」程度に考え、大して気にも留めないでしょう。

わかりやすいように少し極端な例を出しましたが、この例が示すように、人が苦しい状況にいる時と穏やかな気分の時とでは発想が変化するのです。もう少し説明を加えると、同じ状況でも、先行する条件、つまり、状態によって受け止め方も変化します。

先ほど、事実の受け止め方は自分の状態に影響する、と述べましたが、このように、**状態によって事実の受け止め方が変化する**こともポイントです。

以上のことを整理したものが、ＡＢＣモデルです。

●ABCモデル

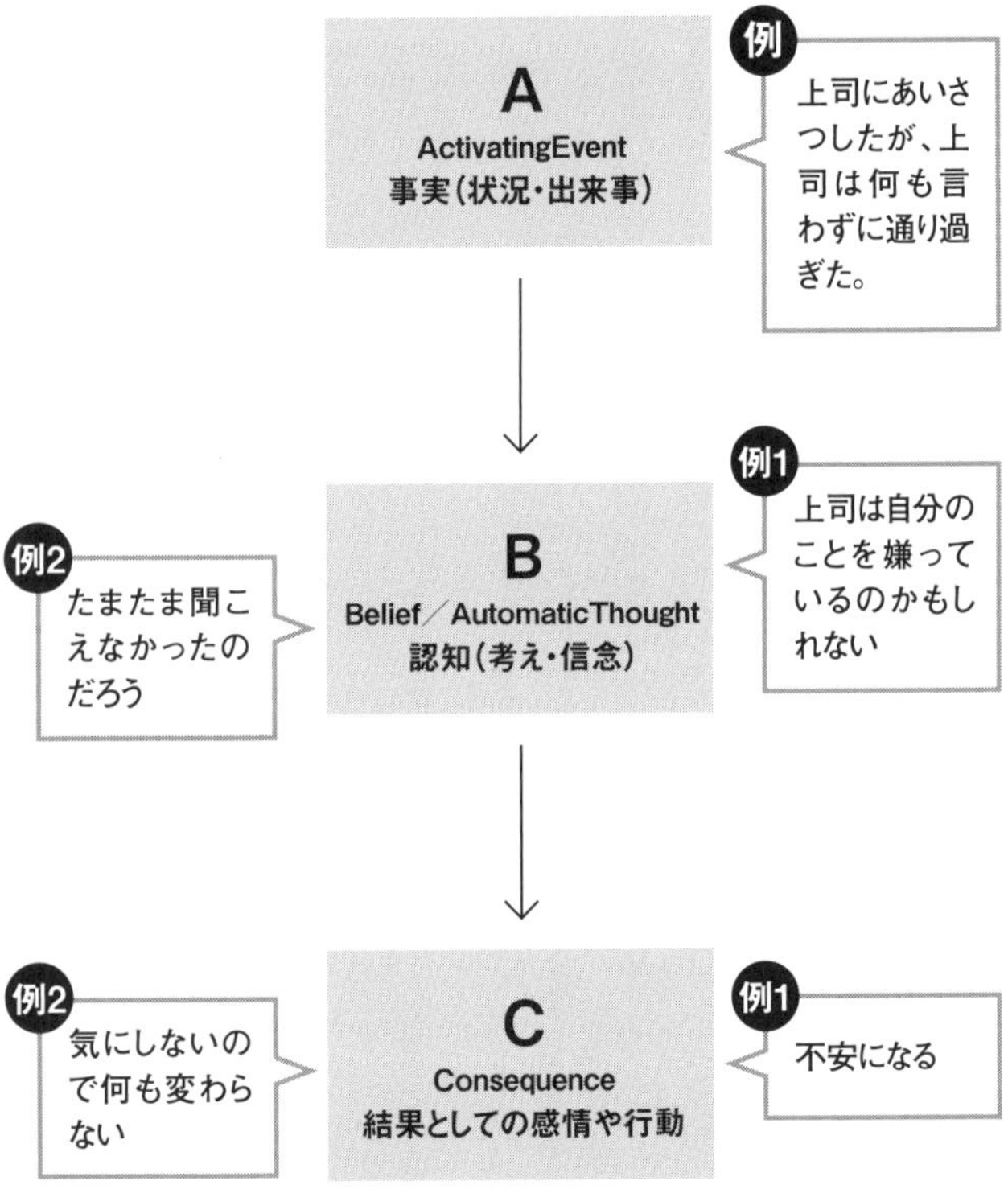
A
ActivatingEvent
事実（状況・出来事）
例
上司にあいさつしたが、上司は何も言わずに通り過ぎた。
B
Belief／AutomaticThought
認知（考え・信念）
例1
上司は自分のことを嫌っているのかもしれない
例2
たまたま聞こえなかったのだろう
C
Consequence
結果としての感情や行動
例1
不安になる
例2
気にしないので何も変わらない

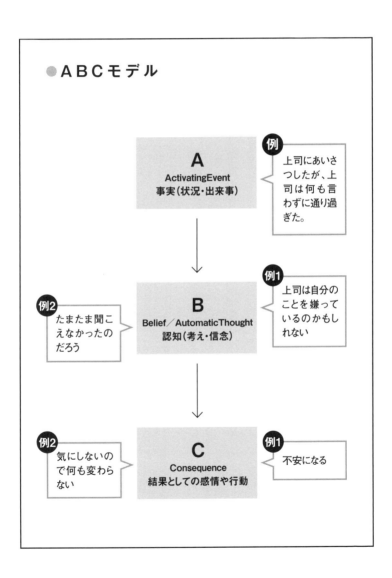

A（Activating Event）は、状況や出来事などの「事実」です。先ほどの例で言えば、「上司にあいさつしたが、上司は何も言わずに通り過ぎた」がこれに当たります。ここでポイントになるのが、事実であるA自体には「よい」も「悪い」もないという点です。

B（Belief／Automatic Thought）は、その状況に対して自動的に生じる捉え方、ものの見方、考え方、つまり「認知」の部分です。先ほどの例の「上司は自分のことを嫌っているのかもしれない」「聞こえなかったんだろう」がこれに当たります。人はこの段階でほぼ瞬時に、A（事実）に対する「よい」「悪い」「どちらでもない」というような評価を下しています。

最後のC（Consequence）は、Aを体験した後に生じたBを通じて起こる、結果としての「感情」や「行動」です。「上司に嫌われているのかも」と考えて不安を感じたり、不安に耐えられずに出社しないなどが、これに当たります。

このように整理を始めてみると、**B（認知）は必ずしもありのままのA（事実）を表したものではなく、その考えを検討し直してみることも可能だとわかるでしょう。**

⇩認知には3つの異なる深さがある

事実（状況や出来事）に対して自動的に生じる認知は、じつはその深さによって**①自**

できます。

動思考、②背景としての前提やルール、③中核概念（スキーマ）の3つに分けることができます。

①自動思考

その時々で瞬間的に自然に浮かぶ考えを、認知行動療法では「自動思考」と呼んでいます。ストーリーの中で出向を命じられた瞬間に、梨香さんの心に浮かんだ「私は必要がないってこと……？」という考えも、まさにこの自動思考です。

例えば、あいさつしたのに何の言葉も返されなかったとしたら、「私、何かしたかな？」と不安が頭をよぎるかもしれません。または、反対に、「あいさつを返してよ」と苛立つかもしれません。一方で、少し落ち着いた時には、「きっと（あいさつが）聞こえなかったんだろうな」などと違った視点でその状況を再考できます。このように、変化しやすいのも自動思考の特徴です。この自動思考の傾向は人それぞれで、「物事を肯定的に捉える傾向が強い」「否定的に捉える傾向が強い」「被害的に捉えやすい」など、一般的に「自分の性格」だと思っているものとつながります。

②背景としての前提やルール

自動思考よりもう少し深いところにある考えとして、「背景としての前提やルール」があります。これは**日常の行動や発想の基準となっており、自動思考を方向付けています**。例えば、「人に対して優しくすれば、いいことがあるはずだ」「公共の交通機関はいつでも時刻通りに運行するものだ」などもその一例でしょう。それらは、「もし○○ならば、××である」、「○○べきだ」といった形を取ることが多く、軽い「思い込み」とも言えます。

梨香さんが実家のことを繰り返し夢に見ていることなども、「期待に応えるべきだ」といったルールを持っているのではないかと想像させるものです。

3つの考え方のレベル

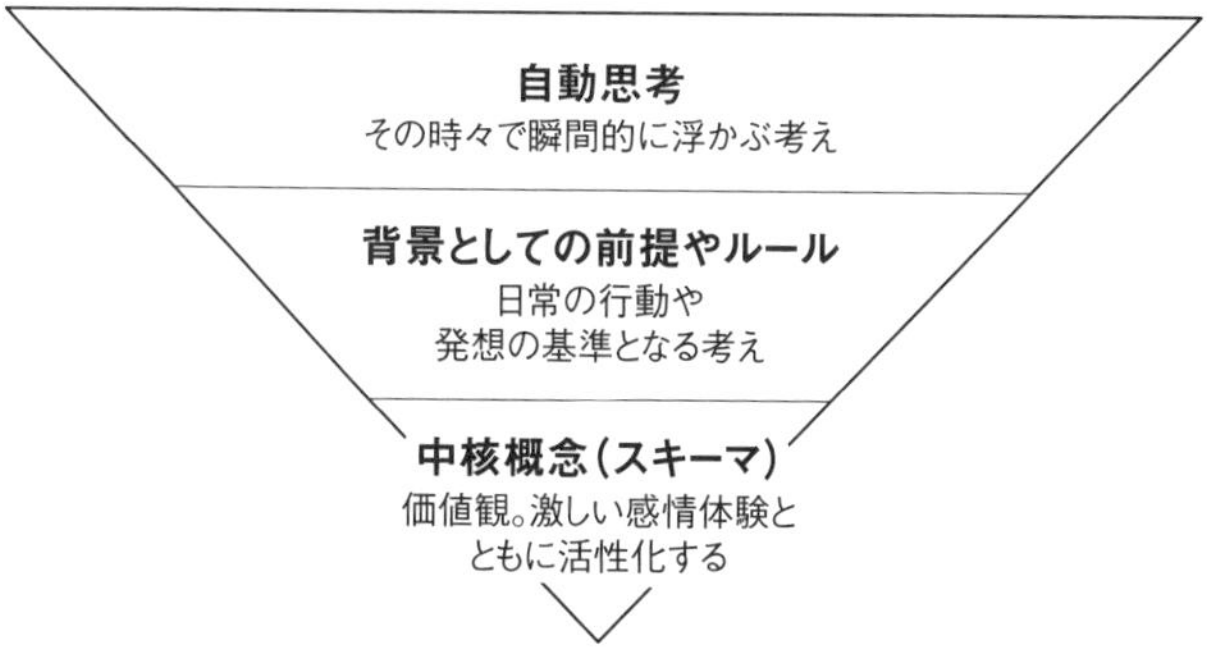

③中核信念（スキーマ）

最も深い考えとして、「中核信念（スキーマ）」があります。これは、**私達が自分の経験を意味付けようとする土台ともなる、価値観とも言えるようなものです**。それらは普段は活性化せず意識に上ることもなく眠っていますが、激しい感情体験と比例するように、それらの信念も活性化してきます。そして、感情が収まるに従って、再びその信念も眠りにつくのです。

⇩問題は「嫌な感情」そのものではない！

ここまで、認知行動療法では事実の受け止め方が自分の状態に影響するとお伝えしてきました。しかし、これは世の中のストレスの原因が100％自分の考え方次第であり、考え方によってストレスを0にすることができると言っているわけではありません。

例えば、夏の暑さや冬の寒さは物理的に強い刺激であり、ストレスでもあります。考え方をどう変えたところで気温そのものは変わりません。しかし、その気温（事実）をどう受け止めるかで、そのストレスを過剰に大きくしてしまうかどうかが変わります。そして、例えば、夏に「こんな暑さは耐えられない」「明日も予報では暑いらしい。きっと最悪な一日になるに違いない」などと考えれば、ただでさえある暑さによるストレスを増大させてしまいます。そしてそれは、本来1のストレスに対し、×10とか×100をしていることになるのです。そして、暑い夏は毎年やってきますが、必ず季節は過ぎ、やがて秋に、そして冬へと移り変わっていきます。それなのに、いつまでも、過ぎた「暑い夏」を思い出して嫌な気分になるパターンに陥っているのも同様のストレスの掛け算ではないか、と考えて検討していくのです。

このように、**認知行動療法はストレスだと捉えた事実自体や不安や恐怖、抑うつや怒りといった感情自体を問題とみなすのではなく、その感情を過剰に大きくしてしまったり、とらわれてしまっているパターン化した考え方、行動があるのではないか、と考えるのです。**そして、そのパターンを明らかにすることで、改善に取り組みます。完全になくすことはできなくても、嫌な出来事の影響を最小限にして、過剰に不快な気分から悪循環に陥らないようにできると考えているのです。これらは、**自分の心の調整力を鍛える**とも言い換えられます。

03 認知行動療法の進み方

認知行動療法を俯瞰する

ここまで、認知行動療法の発想の骨となるような、基礎の部分を述べてきました。この項では、認知行動療法の進め方をざっと見ておきましょう。

認知行動療法について、「考え方を変える方法を教えてくれる」「認知の歪みを直すこと」と言う人もいます。そのような視点は、決して間違ってはいないのですが、認知行動療法の非常に限られた一面に光を当てたものでもあります。

「苦手な人とどう付き合えばいいか」「親しくなると無理しすぎて人間関係に疲れてしまう」「ちょっとしたことでも大きく落ち込んでしまう」など、人によって内容の差はあっても、「何とかしたいこと」「改善したいこと」は尽きないものです。

実際の取り組みでは、一般的に、自分の直面している状況や課題を整理し、そこに直面している状態を観察する練習から始めます（Ｐａｒｔ１で解説）。自分のことを観察していく中で、考え方や行動のクセが明らかになります。さらに、それらのクセを修正するために、考え方や行動を変化させていくという流れになります（Ｐａｒｔ2、3で解説）。状況によっては、具体的な問題解決を進めることが必要な場合も多いものです。それらに備えて、認知行動療法で活用することの多い問題解決の技法をＰａｒｔ4で説明します。そして、それぞれのパートの中で、認知行動療法を進めるにあたって、理解しておきたいトピックをいくつか紹介していきます。

認知行動療法は、しっかりとした進め方の枠組みを持っています。ですが、実際は「こう考えるといい」「こんな行動をすればいい」といった具合に、理屈だけで何とかなる話でもありません。認知行動療法は、課題を捉えた本人が気持ちの上で「よかった」という感覚にたどりつくことを大切にしながら、そこへの道筋を示しているのです。

Part1

状況を整理する

状態を観察する

Part4

決の技法

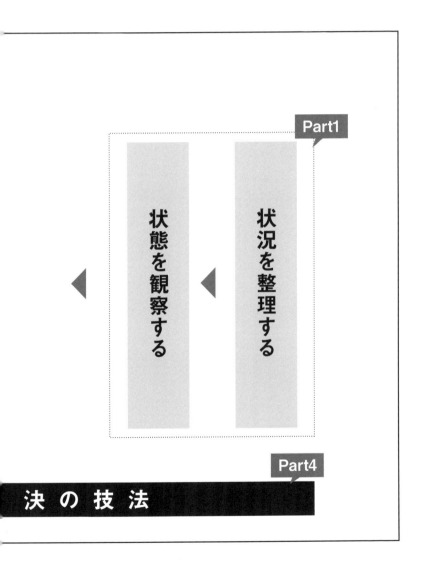

認知行動療法の進み方

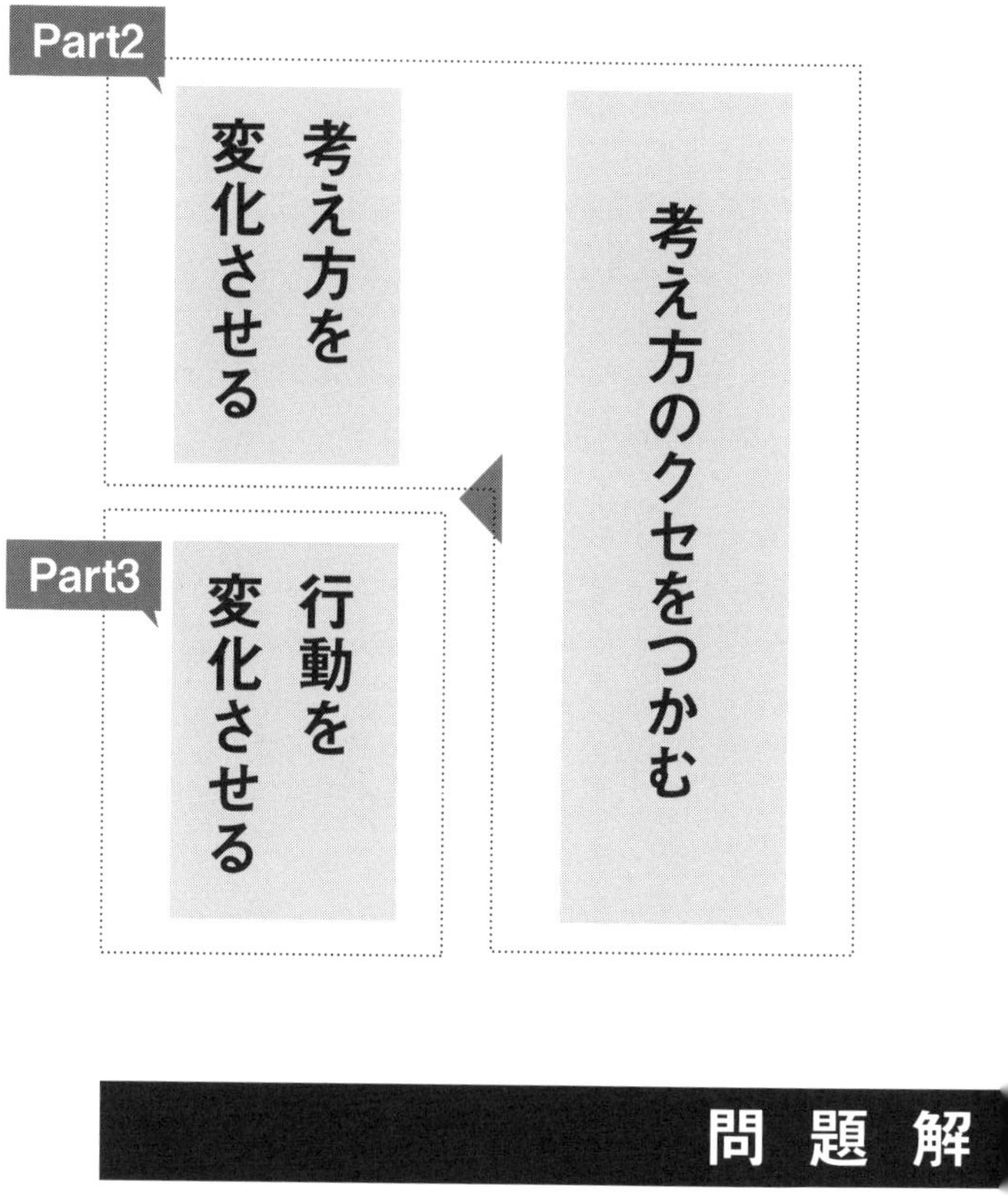

Column 1

「正しい考え方」「プラス思考」ありきではない

認知行動療法をおすすめすると、少なからず「正しい考え方を教えてくれるんですね」や「なかなかプラス思考になれません」といった声を聞きます。

実際に、ストーリーの中でも、猫のハルが「マイナス思考の悪循環から俺が救い出してやるぜ」と梨香に話しかけているのを見ると、「マイナス思考＝悪」「プラス思考＝善」といった印象を受けたかもしれません。実際に身の回りでも、プラス思考をすすめる書籍やネットの記事などをよく目にしていることでしょう。ですが、実際の認知行動療法は、そんなに簡単にポジティブにはなれない、その効果が短すぎる、という人に対して、「認知（考え方）」と「行動」の見直し方を伝えているものです。

認知行動療法では、事実に対する見方、行動を変えることで自分の気持ちをやわらげることを目指しますが、「正しい考え方」「プラス思考」ありきではありません。

もちろん、私もプラス思考自体を否定するつもりはありません。あくまでも、「楽な気持ちに、感覚になるためにどうするのか」という発想で取り組んでください。

Part 1
自分の気持ちや考えを整理する

キャットした時に頼ってほしいニャ
ニャンでも相談に乗るニャ
猫田法律相談所
梨香ちゃんが担当したCMだってすごいなぁ
うちの村からテレビでCMを作るような人が出るっちゃな
梨香は父ちゃんと母ちゃんの誇りだわ
Story 1
モヤモヤとランチの問題について
また同じ夢だ…
けど…
関連会社に飛ばされた…
こんなこと言えばきっとがっかりされる…
相変わらずしょうもないこと気にしてるな
え…

誰もそんなこと気にしないよ
きゃあああ!!
ああああああ
がバッ
………
ふぅ
夢か

ハル大将がしゃべるわけないよね
いやしゃべるよ
おはよ
がさ…
きゃあぁ!! お化けっ!!
悪霊退散アーメン
傷つくなぁ…
ちょっと話せるくらいで大げさだよ
猫が急に口をきいたら誰だって驚くわよ!!
ハル大将
どういうことなの? なんで話せるの?
…
それに…
想像していた以上に生意気ね
知らねぇよ
ハルはあんたのことが心配なんだって
え…

あなたがハルでしょ!?
だから
俺は人間だよっ!
精神科医で臨床心理士の春風浩史だ
い…意味がわからない
どういうことよ?
聞いてくれるかい?
リーチだったんだよ
へ…?
り……?
じつはあと1人クライエント※と心理相談すれば1万人達成できたんだ
は?
ふふっ
僕を頼ってくれた人が1万人なんだよ
1万人もの人の悩みに向き合うってすごくない?
いちまんにーん
すごい…んだろうね……

※来談者。

そして記念すべき1万人目のクライエントがやって来る日が来たんだ
ああ いい天気だ
1万人達成だ…
バッ
よし！行くぞーーーッ
そう思った瞬間だった…
トラックと
ゴォオオオォ
ドーン
パパーーッ
もーびっくり
やっぱりお化けじゃん
ぜんぜん同情できないよ
生きてるよっ！
身体は病院にあるんだけど意識が無いだけだ
無念でプカプカ浮いていたらハルに呼び止められた
ハルに自分の中に入ってくれって頼まれたんだよ
どうしてよ？

飼い主さんがいつも泣いているんだけど僕は何もすることができない
見ていて辛いからご主人様を助けてくれって
ハル大将…そんなこと思っていてくれたんだ…
ほろ…
ハル大将…!!
にゃあ!!
がばっ
俺はハルじゃねえし!
そうだったややこしい…
ねこぱんちが…
まぁ ちょうど1万人目として協力させてもらうよ
もしかしたら最後のお手伝いになるかもしれないしな

……
ごめんなさい
来てもらったのはうれしいけど私は大丈夫だからあなたは自分の病院に戻って
ハル大将を返して
……
そろそろ会社行かなくていいのか？
ぎゃっ！
やばい
のそ…
遅刻しちゃう
トボトボ…
ストン
5分経過
ん…？
10分経過
ん゛ごー

20分経過
行ってきます
ボソ……
バタン
長い時間をかけないと会社に行けない
全然大丈夫じゃないだろ

夏野さん
すみません ここ なんですけど
もっと目立つように 作って もらえませんか
はぁ
その方が クライアントに 訴えかけられると 思うので
は… はい
若い子に 注意されるなんて なさけない…
夏野さん！
は… はい！
どきっ
一緒に ランチ どうですか？
あ
えっと…
大丈夫 まだ仕事 残ってるし
そうですか それじゃあ お先です！

せっかく食事誘ってくれたのに…どうして断っちゃうのよ…
はぁ…
昔はランチの時間が一番楽しかったはずなのに…
ビクッ
プルルル
プルルル
母さんだ…
プルルル
出たくないなぁ
プルルル
プルルル
プルルル
プル…
カチャ
はい
梨香知ってる？お隣の美香ちゃん結婚するだって
そうなんだ…
あんたは大丈夫なの？
いい人おらんの？

心配しないで今仕事中だから
ピッ
はぁ…
夏野さん
は…はいっ！
ちょっと今いいか？
な…
は…はい…
なんだろう…
会議室
ポツ
ポツ
ザアァァ…

ザァァァ……
カチャン…
あははは
おかえり
バリバリ
ボリボリ
わはは
まだいたの…
ピクッ
何かあった?

じつは今日
上司に
呼び出されたの
君は何のために
うちに来たんだ？
ドキッ
遅刻はするし
ミスも多い
会議でも
発言しない
慣れない職場なのは
わかるけど　いつまで
お客様気分でいるの？
もう少し意見を出して
みんなを引っ張って
いってくれないと
困るんだよ
うちだって経営が
楽なわけじゃ
ないんだぞ
景気だって
悪いんだ
……
聞いてる？
ビクッ
はっ
はい
はぁ
…

君は優秀と聞いていたんだ
失望させないでくれよ
すみません
そんなことがあったんだ
それは悲しいことだね
きっと私のこと嫌いなんだ
だからあんなこと…
最近一生懸命やっても…
何やってもうまくいかない…
もう会社に行きたくない…
辞めたい…
その上司は梨香のこと嫌いなの？
え…

期待してるぞ
ドンマイ
そのうち慣れるって
そんなことないと思う…
普段はやさしいし
けどさっき梨香のこと嫌いなんだって言っていたよ?
そっか
それじゃあ期待していないのかな?
君は優秀と聞いていたんだ
失望させないでくれよ
優秀だって…言ってくれた
なんか言ってることがあいまいだね
心の中がぐちゃぐちゃになってしまっているんじゃないかな
…
まずは 自分の心を整理するために自分の気持ちを単語にしてみようか?
へ
単語?

今の気持ちを単語にしてみて
え…
えっと…
なんだかモヤモヤしている
モヤモヤ…かな
いいね
何が?
よっこらせっ
モヤモヤって言葉にはたくさんの意味が含まれているから
その意味を探してみようか
よっ
?
カリカリ
カリ
できたっ

感情リスト!!
憂うつ　不安　怒り　罪悪感
恥　悲しい　困惑　興奮
おびえ　いらだち　心配　誇り
無我夢中　パニック　不満　神経質
うんざり　嫌悪感　快い　失望
激怒　怖い　楽しい　焦り
屈辱感　安心　愛情
せつない　無力感
春風さん…
ん
本当に人間なんだね！
漢字書いている！
まだそんなこと言ってる…
これがなんなの？
この中からそのモヤモヤの正体を選び出してみて
…

不安…
怒り…
憂うつ　不安　怒り　罪悪感
恥　悲しい　困惑　興奮
おびえ　いらだち　心配
無我夢中　パニック　不満
うんざり　快い　失望
激怒　焦り　愛情
屈辱感　無力感
それに憂うつも入っているかな…
この3つだね
モヤモヤしていたものを具体的な単語にすることで
少し自分が客観的に見えたんじゃないかな？
え
気持ちを確認できたことは混乱している自分を一歩引いて見られた証拠だ
そっか…今私がモヤモヤしていたのは
私が上司の期待に応えられない不安や自分への怒り…憂鬱を感じていたんだ…
モヤモヤの正体なんて考えもしなかった…
モヤモヤをそのままにしていると闇の中にいるようなもの
闇の中だと考えすぎたりして自分を見失ってしまうだろ
けど…

今みたいに自分の感情を確認できるようになることで
心の中が整理されて
不安
恐怖
面倒
格好悪い
汚い
目の前のモヤを少し晴らすことができる
うん 少し落ち着けたかも
私 不安とか憂うつを取り除けるように頑張るね！
ほらほら 頑張らなくていいよ！

え…
不安は悪くないよ
誰だって不安に思うことはある特別なことじゃない
不安に気がつきその不安とうまく付き合うことが大切なんだ
次第になんで不安が出てきているかもわかっていくだろうしね
不安
面倒
うん
夏野さん一緒にランチ行かない？
えっ
ピクッ

いや…
私はいいかな…
そうですか…
それじゃあまた今度
反射的になんとなく断っていた…
なんとなくの正体…
単語…
それは…
心配
そっかご飯に誘われても
会話についていけるか心配してただけだったんだ…
そんなことで断ってたんだ私…
だったら
ガタッ

話を聞いてるだけでも
いいんじゃないかな――
ちょっと
待って
やっぱり
一緒に行って
いいかな?
もちろん
ですよ~!

自分を整理、観察する

01

心を整理する枠組みとセルフモニタリング

困難な課題に直面した時、なかなか自分ひとりの力では解決できないことが多いものです。その大きな原因として、ひとりでは「振り返る」「客観的に見る」ことができない点が挙げられます。

例えば、主人公の梨香さんを見てください。

彼女は、「自分は必要とされていない」「新しい上司は私のことが嫌いなんだ」と考え、悩んでいます。さらに「一生懸命やっても、何をやってもうまくいかない」と思い詰めてしまっている様子です。

ここまでストーリーを読み進めて来たあなたは、梨香さんのそんな状況が手にとるようにわかるはずですね。なぜなら、梨香さんのことを外から客観的に見ているからです。ひょっとすると「梨香さんの考え方は少し極端では?」と思った人もいることでしょう。

ですが、あなたがもし同じような立場に置かれたらどうでしょう? 程度の差はあるかもしれませんが、たいていの人は梨香さんと同じように悩むことになるでしょう。なぜなら、自分のことはなかなか客観的に見ることができないものだからです。自分のことだからと分かったつもりになるかもしれませんが、**客観的に見る、自分を俯瞰して見るというのは、じつは思っているより難しく、できるようになるためには練習が必要です。**

認知行動療法の一番最初のステップは、「状況を整理できるようになる」ことから始まります。そして、その状況を「客観的に観察する」力をつける段階へと進みます。自分のことを振り返って、観察するのです。これをセルフモニタリングと言います。

56頁で、猫のハルに促されて、感情リストから自分のその時の感情に見合ったものを選んでいましたが、これもセルフモニタリングの1ステップと言えます。

では、まず状況の整理から説明していきましょう。

認知行動療法では、64頁の状況確認シートの枠組みを使って、自分の置かれた状況やその時に体験している出来事、そしてその状況・出来事がどのようにその人に影響しているのかを整理します。これは、プロローグで説明したABCモデルをもう少し立体的にしたものだと考えてください。個人の反応を、考え（認知）、気持ち（感情）、行動、感覚（身体反応）に分けて整理するのです。ある瞬間の自分と環境の関係を明らかにすることであり、状況を俯瞰する方法を示しています。

これらひとつひとつの枠組みは独立したものではなく、相互作用の関係にあります。どれかひとつを変化させることで、全体的な変化を作っていくこともできます。ですから、環境を変えるしかない、自分が変わるしかない、などと極端に考える必要はありません。一歩引いて大きく世界を見るようにゆったりと取り組んでください。

このような枠組みに慣れてくると、認知行動療法は、思考を変える、行動を変える、といったことに限定せず、人や環境に幅広く関わっていることがイメージしやすくなるはずです。

まず最初は、感情が動いた時に状況確認シートのような枠組みを利用して、自分自身を確認するところから始めてみてくださ

●状況確認シート

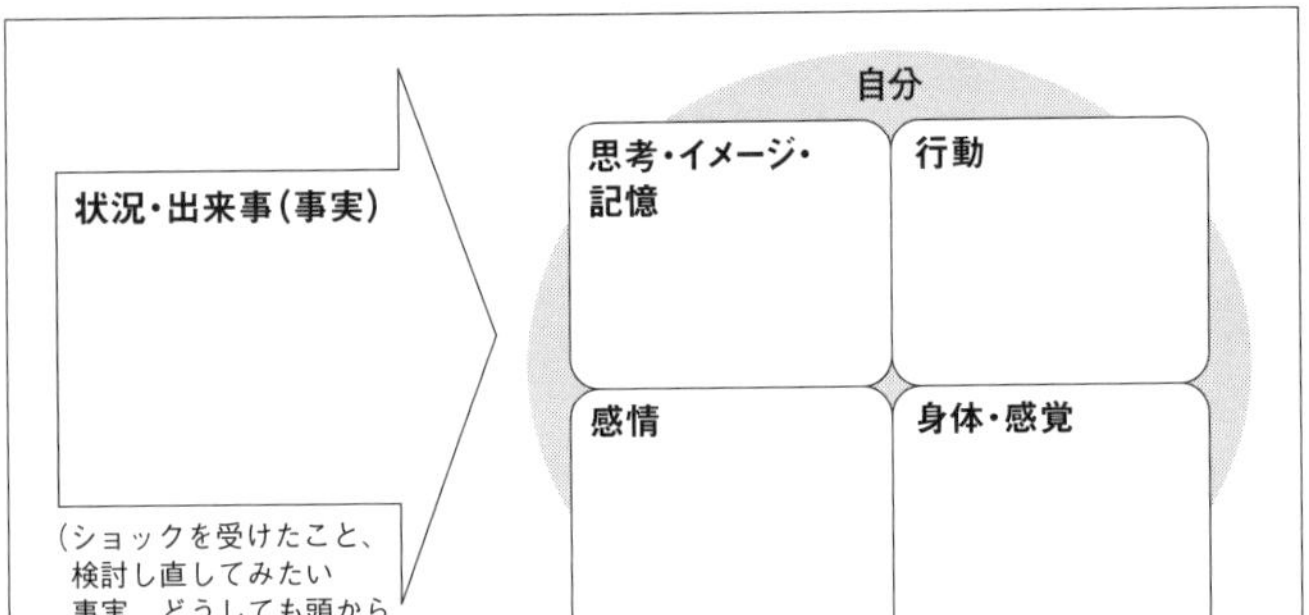

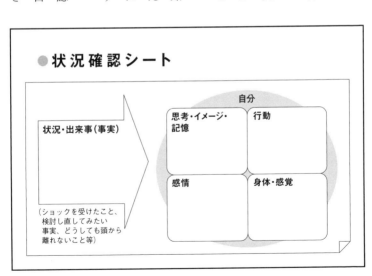

い。最初は、難しく感じることもあるでしょう。特に、感情が大きく出てきている時にはなおさらです。しかし、繰り返し練習することで、どんな時にも自分を客観的に観察できる力がついていくのです。

なぜ記録することが大切なのか

セルフモニタリングをするにあたって大切なのが、記録をすることです。認知行動療法を進めるためにもとても重要ですから、先に進む前に、その効果についておさらいしておきましょう。

まずは、先ほど説明したように、**自分に対する客観的なデータになる**点が挙げられます。定期的に受ける健康診断と同様に、ひとつの客観的情報として受け止めやすくなるのです。

2つめの効果としては、**記録すること自体が行動を続けるモチベーションにつながる**ことが挙げられます。もともと私達は日々の記録を励みとし、頑張ろうとする性質があります。記録すること自体がモチベーションの源になるということですね。ダイエットしている時の体重測定や、ランニングのタイム計測を思い浮かべるとよいでしょう。

3つめの効果は、**長期的な視点で見る力を育てる**ということです。取り組みの結果は、必ずしも毎回よい形で現れるわけではありません。最初は変化がよい形で現れたものの途中で停滞してしまうケースもよくあります。そんな時に、それまでの記録を長期的視点で振り返ることで、今までの道のりと、積み上げた成果を確認することができます。そしてそれが、次への一歩を生む力になるのです。

⇩記録して観察する

では、実際に記録する場合はどのようなツールを使えばよいのでしょうか？

これは、厳密な決まりがあるわけではありませんから、自分の身近なツールを利用すればOKです。手帳やメモといった日常的に身近なツールに書きこむ人もいれば、カウンセリングノートを作り、そこにしっかりと書いていく人もいます。次の項で具体的に説明しますが、64頁で紹介した「状況確認シート」などもそのひとつになります。

また、書く内容にも決まりがあるわけではありません。例えば、先ほども紹介したように、ストーリーでは梨香さんは猫のハルに促されて感情についてメモを取って整理し始めましたね。これも立派な記録です。

さらに一歩進めて活動について記録した例が68〜69頁の活動記録表です。

月曜日の朝から気分が沈みがちだった梨香さんは、昼前に同僚に注意されて「不安」が大きくなります。ランチも断り、気分を切り替えることもできず、もんもんとしながら何とか仕事をこなしていました。そしてその日の午後、とうとう上司に呼び出しを受けて不安はピークを迎えます。しかしここで猫のハルに気持ちの整理の仕方を教わり、それを次の日のランチに誘われた時に活かすことができました。結果、不安の強度を示す数値が随分と下がっています。

ちなみにこの記録は、目的によって次のようにさまざまな使い方ができます。

①自分の状況を理解する（69頁の梨香さんの例はこのパターン）
②生活リズムと気分の変化のつながりを調べる
③感情を感じる、感情の変化を促す（感情の強さを0～10で記録）

このように記録を活用することで、感情や思考、行動の暴走を止めたり調整したり、客観的に観察するスキルを向上させたりすることができるのです。

	金　／	土　／	日　／
	朝／昼／夜	朝／昼／夜	朝／昼／夜
	／　／	／　／	／　／

〈睡眠の記入方法〉

点線で記入
・布団に入ったが寝付けない時間。
・途中目が覚め、起きていた時間。

実線で記入
・眠っていた時間

×を記入
・中途覚醒

〈記入項目〉

・その時間の主な行動を記入。
・継続した活動であれば

としても良し。

・活動と感情のレベルが大きくアップダウンした時に10を活動量最高、感情の強度最高として0～10で記入。

・必要に応じて服薬状況も記入。

〈1週間を振り返っての感想〉

活動記録表と記入例

時間／生活プラン		月 2／4		火 2／5		水 2／6		木 ／		
			不安		不安					
5		睡眠		睡眠		睡眠				
6										
7		出勤	6	出勤	10	出勤	7			
8										
9		打ち	7		8		7			
10		合わせ				仕事				
11			10	仕事						
12		ランチ				ランチ	3			
13										
14										
15		仕事		上司	10					
16										
17										
18										
19										
20		家	7	家	10	家	2			
21										
22				ハル	2					
23										
24		睡眠								
1										
2										
3										
4										
疲労感	あり／なし 0〜5									
食事	食事をしたら○をつける	朝／(昼)／夜		朝／昼／(夜)		朝／(昼)／夜		朝／昼／夜		
気分	○ △ ×	△／×／×		／ ／		／ ／		／ ／		
その他										

セルフモニタリングのやり方とその効果

02

なぜ振り返ることが有効なのか?

あなたは「過去」と聞いて、どんなイメージが浮かびますか?

苦しくて暗かったという人もいれば、明るく輝いているイメージを持つ人もいるでしょう。それら過去に対するイメージの良し悪しにかかわらず過去は自分にさまざまな影響を及ぼしています。

「振り返ることは後ろ向きな行為だ」と、過去について考えないようにしている人もいます。とくに過去が自分にとって悪いものだったと感じている時などは、なおさらわざわざ振り返ろうとは思えないでしょう。

ですが、特に強い感情を体験した時ほど、その考え方や行動のパターンは固定化され、その後の行動や考えにも強く影響するものなので、**過去の状況や自分の反応を振り返ることによって、現在、そして未来の自分の反応や状態を予測することができます。そして、未来の対応を望ましいように修正することもできるのです。**

もちろん、振り返りたくない過去については、振り返るだけで自分や人に対して嫌悪感を強く感じるかもしれません。最初は支援者と一緒に見て行くなど、ていねいに扱うことが必要です。

状況整理のポイント

過去の体験を振り返る方法として、このパートの冒頭でも紹介した状況確認シートが有効です。

試しに梨香さんが陥った状態の一場面（52頁）を整理してみましょう。

まず、梨香さんの体験した出来事・状況（事実）です。これは「上司に呼び出されて『失望させないでくれ』と言われた」ですね。そして、「私のこと嫌いなんだ」と瞬時に浮かんできます。そして、その考えは「不安」という感情を活性化しています。その時の梨香さんの対応は、「ひたすら謝る」でした。身体・感覚的には、エネルギーがなくなり疲労感に包まれるといったものだったことでしょう。

自分

思考・イメージ・記憶	行動
私のことを嫌いなんだ 何をやっても うまくいかない	ひたすら謝る
感情	**身体・感覚**
不安	エネルギーがなくなり 疲労感が取れなく なった

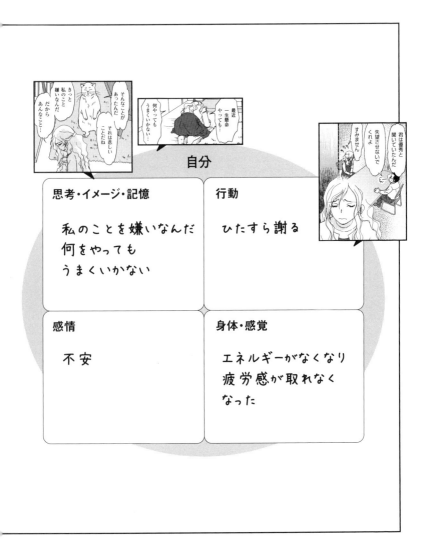

●状況確認シートの記入例

状況・出来事（事実）

上司に呼び出され
「失望させないでくれ」
と言われた

（ショックを受けたこと、
検討し直してみたい事実、
どうしても頭から離れないこと等）

このように状況整理シートを活用する際にはいくつかポイントがあります。そのひとつは、**状況・出来事（事実）と、考えを分ける**ことです。多くの人は混乱している時には自分の体験している事実とその事実に対する評価・考えが混ざってしまい、客観的に区別できなくなりがちです。梨香さんの場合も、上司から「失望させないでくれよ」と言われた事実と、その状況に対して浮かんできた思考である「私のこと嫌いなんだ」「何をやってもうまくいかない」が混ざって悪循環が加速し、整理がつかなくなっていった様子が描かれていました。

2つめのポイントは、ストーリーの中でも梨香さんが取り組んだように、**感情を明らかにする**ことです。それには、感情をワンフレーズで表す単語を探すとよいでしょう。最初のうちは、思いつく感情の言葉も多くないかもしれません。後ほど紹介する感情のリストの中から当てはまるだけ探す練習をしてもよいでしょう。

そして、3つめのポイントは、**心に浮かんできた思考をつかむ練習**です。例えば梨香さんが同僚にランチに誘われた時に不安になったのは、ランチに誘われたという事実によるものではなく、その事実に対して「ダメな人だと思われている」という考えが頭に浮かんだからです。

このシートに取り組み始めた段階では、心に浮かんでいる考えを明らかにするのは難しく感じるはずですが、これは自然なことです。この先、思考や行動、感情についても順を追って説明していきますので安心してください。

このような整理のための枠組みを利用し練習することによって、次第に、より明確に、客観的に自分のことを見られるようになっていきます。

⇩苦しい状況でのセルフモニタリングはどう効果を発揮するのか

さて、ここまでは、苦しかった状況を整理し、振り返ることについて説明してきました。ここで改めて、苦しい状況に置かれた時、セルフモニタリングがどのような効果を発揮するのか考えてみましょう。そこは大きく2つの効果があります。

まず最初に挙げられるのが、**苦しみから一歩離れる効果**です。

多くの人が、苦しさに圧倒されると「何でこうなったのか?」と、答えの出ない問いにとらわれていくものです。さらに、「自分ではどうしようもない」「自分では現状を打破できない」という考えから抜け出せず、苦しみが激しい時には自己コントロール感が失われ、足もとが崩れていくような不安定な感覚を味わいます。ですから、こんな苦しい気持ちの中で、「状況を整理」するといってもどこから手をつけたらよいか見当がつかないのも当然のことなのです。

ストーリーの中で梨香さんが取り組んだ最初の一歩は、感情を記録し、セルフモニタリングによって、「心配」にとらわれていることに気がつくことでした。梨香さんは、この「心配」、つまり「不安」を少し客観的に見られるようになることで、その気持ちの中にいる時と少し違った感じを持てたようです。これが、客観的なセルフモニタリングなのです。気持ちの渦に飲み込まれている時と、気持ちの渦はあるものの、それを観察できている時とは、同じ気持ちでも随分と違った体験になるのです。

通常、意識していない状態では、人はたいてい主観的な視点でいます。これ自体はまったく問題ありません。実際に、主観的だからこそ豊かな体験となるということも

状況に気がついてはいても、
そこから抜け出せなくなっている
イメージ
（主観的な視点）

状況を客観的に観察して
抜け出せているイメージ
（客観的な視点）

あります。ただし、苦しい状況になって主観的な状態のままでいると、つらい感情に飲み込まれ、別の考え方の入り込む余地がありません。

もうひとつの効果は、直面する事柄や体験にもよりますが、**セルフモニタリングができるだけで状況への対処が自然と進む**ということです。

これはどういうことでしょうか？　わかりやすい状況を例に考えてみましょう。

あなたが街中で車の運転をしていると想像してください。ふとスピードメーターに目をやると、一般道にもかかわらず時速80㎞も出ていることに気がつきました。その時、みなさんはどうしますか？　ほとんどの人は、アクセルから足を離し、適度にブレーキを踏んでスピードダウンさせるでしょう。この例を、職場のプロジェクトでつい興奮してしまう人、人間関係のトラブルで落ち込みやすい人などの感情の暴走に当てはめて考えてみてください。多くの場合には、「やりすぎている」と気がつくだけで減速し、ブレーキをかけるなど自然に調整が進むものなのです。そして、このような気づきを意識的に促進することで、そのコントロールはさらにうまくなるのです。

03 どうなりたいかを確認する

⇩目標を定める

ここまで、認知行動療法の最初のステップである、状況整理とセルフモニタリングについて述べてきました。自分の状態がわかるようになってくると、次には「どうしたい」「どうなりたい」ということが自然に考えられるようになります。認知行動療法の次のステップは、その目標を定める段階です。

「目標」と聞くと、自分がしばられるように感じて気が進まないという声を聞くこともありますが、向かう方向を定めたり、到達点をはっきりさせることで進む力を得る「アクセル」のようなものだと考えてみてください。

ただし、いきなり、「どうなりたい？」「どうしたい？」と聞かれても困ることも多いものですね。普段は、ああしたい、こうしたいと思っているのに、改めてそれをはっきりさせようとすると、なかなか形にならない、言葉にまとまらないと感じるのも、ごく普通のことです。

そんな時は、次に紹介するように、整理することは気にせずに、思いつくままに書き出すことから始めてみましょう。

⇩書き出して3つに分類する

まずは目標作りです。はじめは、実際にできるか、現実的かどうかなどは気にせずに、「どうなりたい」「どうしたい」をどんどん書き出してみましょう。その「目標リスト」で挙げた項目を、次の3つの視点で分類してみましょう。

①大切だと思うこと
②現実的に可能そうなこと
③その他

さらに、①と②の要素が重なる項目を、リストの中から、選び出してみましょう。

次頁の目標リストでは「○○のようになりたい」という自分のあり方についてと、「○○したい」という自分の行動や欲求についての2つに分けています。

梨香さんの目標リスト

「○○のようになりたい」

・もっと綺麗になりたい①
・人に評価されるようになりたい①
・状況による気持ちのアップダウンを軽減できるようになりたい①②
・自分の感情をちゃんと見られるようになる①
・セルフモニタリングをできるようになりたい①
・もっと早く仕事をこなせるようになりたい①
・親にとやかく言われないようになりたい①③

「○○したい」

・可愛い服が欲しい②③
・旅行がしたい③
・体調をよくしたい①②
・周囲のみんなとうまくやっていきたい①②
・いい仕事をしたい①
・お客さんと社会に貢献するような仕事をしたい①②
・仕事で評価されたい①③
・給料を上げたい③
・結婚したい③
・彼氏が欲しい③
・仕事のOFFもちゃんと作って、友達と遊ぶ時間を取りたい③
・親に夢に出てきてほしくない①③

よい目標とは？

目標にもよい目標と悪い目標があるのはご存知でしょうか？

もちろん、みなさんが目指す姿によい、悪いがあるということではないので安心してください。ここで言いたいのは、実現に結びつく表現になっているか？　ということです。

例えば、梨香さんが、先ほどの書き出すステップで、「周囲のみんなとうまくやっていきたい」という項目が大切で、実現可能だから取り組みたい、と考えたとしましょう。

では、この表現を確認してみましょう。「周囲のみんな」とは、人間関係のどこまでを指すのでしょうか？　また、「うまくやる」はどんな状態になったら「うまくいった」ことになるのでしょうか？　いざ実行に移そうとすると、目指す姿があいまいで、なかなか具体的にやることが見えてきません。

このように、いくら「ありたい姿」を語っても、そもそも目指しているところがあいまいだと、実現は難しいのです。

したがって、「よい目標」にするためには次の5つのポイント（SMART）を押さえておく必要があります。

S（Specific）………特定の、具体的な
M（Measurable）…達成の程度を測定できる工夫
A（Able）…………できそう
R（Relevant）……自分の問題と関連していて、意味を感じられている
T（Timed）………実行する期間、タイミング、頻度など

では、この5つのポイントに沿って、梨香さんの目標（80頁）を見てみましょう。

梨香さんのリストの中で、親のことも給料も自分で何とかできることではないことですし、結婚も彼氏もひとりでできることではありません。例えば「周囲のみんなとうまくやっていきたい」を目標にした時に、「無理をしてでも相手の気分を害さない」というのは、非現実的ですし、相手の感情の責任をすべて梨香さんが負うのも不適切です。「自分と相手の考えが違っても、それぞれを大切にして、大人として調整できるようになる」としたほうが、イメージが現実的に湧き、目標を作りやすくなるのではないでしょうか。

感情とはどんなもの？ 04

気持ちを表す言葉

ストーリーの中で梨香さんは猫のハルに促されて自分の心の中のモヤモヤを探るべく、感情リストから自分の気持ちに近い感情をピックアップしています。状況整理の項（62頁〜）でお伝えしたように、感情を把握することは、自分を理解するために大切なステップです。明らかになった梨香さんのモヤモヤの源は「不安」「怒り」「憂うつ」の3つでしたね。ここでは、それら感情について考えてみることにしましょう。

人は、悲しみ、不安、憂うつ、怒り、罪悪感、恥ずかしい、その他、たくさんの感情の言葉を使います。そして、それらのさまざまな感情の言葉は、その時々の気持ちを教えてくれます。

気持ちを表す言葉を使いこなせることは、より状況に適した自己理解、つまりセルフモニタリングの力をつけることにつながります。

⇩感情には強弱がある

感情は、激しい感情（激情）、うっすらとある感情（気分）、というように、その強さや姿を変えて出てきます。人は自分が体験している感情の強さを適切に感じるためには、その感情を感じる力、言い換えると、その感情に耐える力も必要になります。

野球のピッチャーが投げる球を感情に例えると、さまざまな強さや種類の球を受け止められるキャッチャーの存在が必要だということです。「怒り」を感じるのが悪いことだと思っている人は、怒りという球をうまく受け止めることができないので、そんな自分を許せずに暴れてしまうのです。

●感情リスト

憂うつ	不安	怒り	罪悪感	恥
悲しい	困惑	興奮	おびえ	いらだち
心配	誇り	無我夢中	パニック	不満
神経質	うんざり	嫌悪感	快い	失望
激怒	怖い	楽しい	焦り	屈辱感
安心	愛情	せつない	無力感	

その感情が出てくることを恐れ、少しでも強く出てきたら、ジェットコースターのようにに感情が激しくアップダウンして不安定になります。そして、怒りの感情の微妙な強弱もうまく感じられないために、怒りは「ある／ない」のどちらかでしか感じないといった状況になってしまうのです。

　この感情の感じ方を表にすると下のようになります。横軸が実際に体験している感情の強さで、縦軸は認識できている感情の強さです。うまく受け止めている時のような直線ではなく、0か10の極端に振れた線で示されているように感じています。これは、小さい感情はないものとみなし、逆に、ある時点からは極端に耐えがたいほど大きく感じてしまっている状態です。

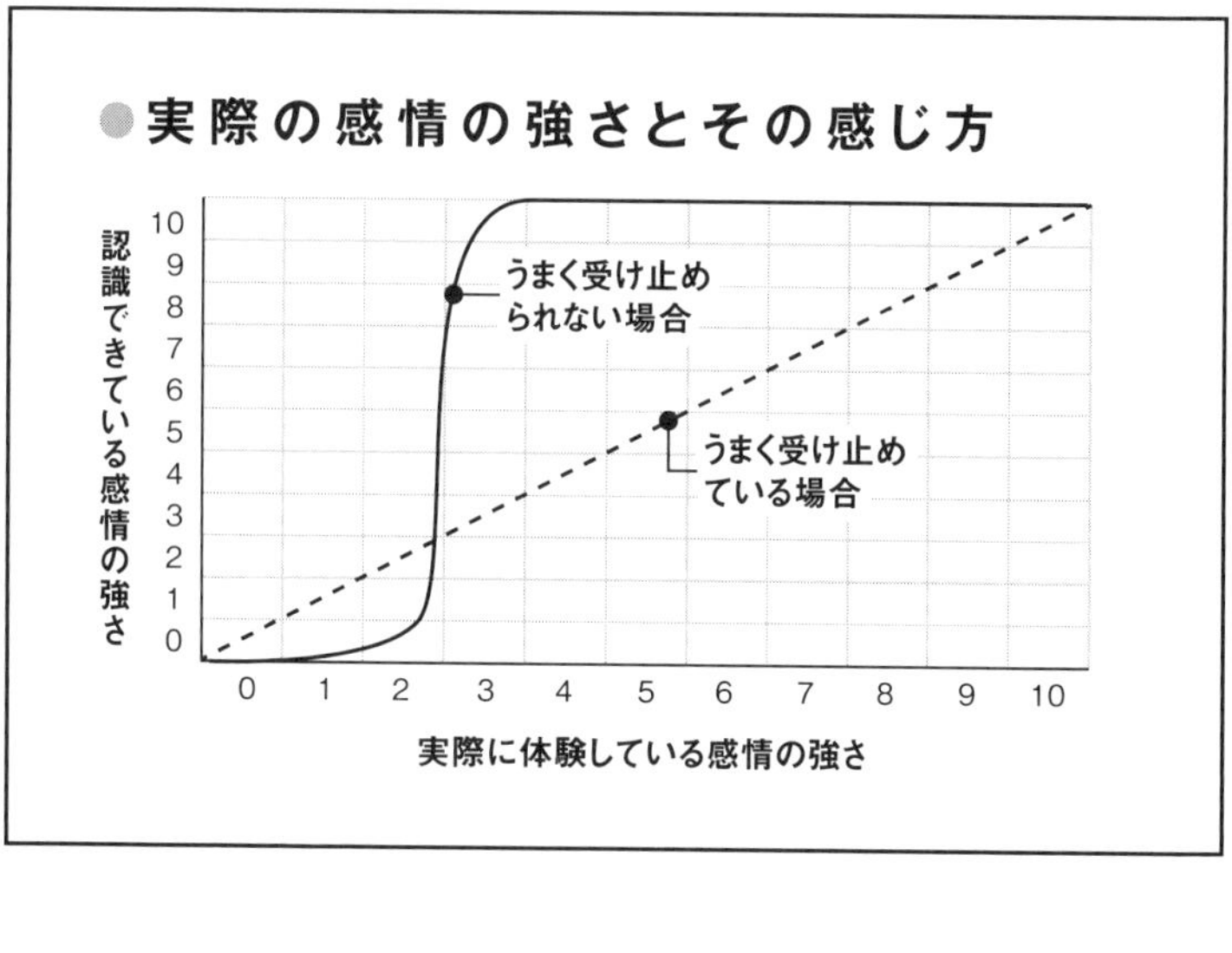

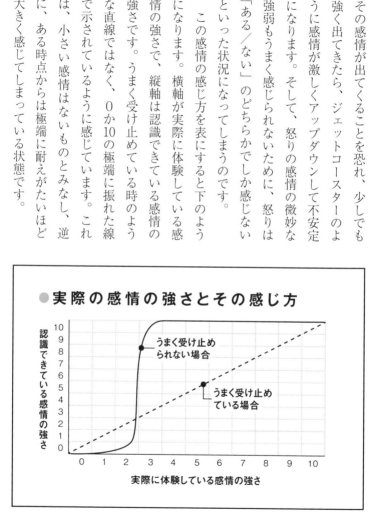

日頃から、体験している感情を意識的に受け止めたり、感情を強弱をもって認識することで、キャッチする力は向上していきます。

⇩感情が運ぶメッセージ

ここまで読むと、感情なんて面倒だからないほうがよい、などと考えてしまう人もいるかもしれません。また、実際にネガティブな感情に苦しんでいる場合など、「こんな感情、なくなってしまえばいいのに」と思うこともあるでしょう。

しかし、本当に感情がなくなったらどうなるでしょうか。残念ながら、ポジティブに感じる感情だけが残って、ネガティブに感じる感情はなくなるなどと、都合よくはいきません。また、同じ「怒り」でも、それをエネルギーと感じる人と怒りを感じてはいけないと考えている人がいるように、人によってその感情に対するポジティブ／ネガティブの意味づけも変わります。ここでは、感情が何のためにあるのか考えてみましょう。

例えばみなさんは、子どもの頃、怖くて夜にひとりでトイレに行けなかった経験はありませんか？　このように、「怖い」という感情は私達の行動を制限したり、そんな自分を弱く感じさせてしまうものです。これは子どもでも大人でも同じです。一方で、「怖い」という感情がないとどうなるでしょうか。怖さを感じないから、車の往来の激しい道路を赤信号でも渡ろうとするかもしれません。危険なことをしても怖くないので、危険なことも普通にするようになるかもしれません。このように考えると、「怖い」という感情は、弱さを示しているのではなく、危険へのアラームとして働いてくれていることがわかるでしょう。そして、そのアラームが鳴った時には、その場や事柄から距離を取るなど、その状況に適した行動をするようにと自然に促されるのです。

このように、感情は私達に何らかのメッセージを運び、一定の行動へと促してくれるのです。

感情の持つメッセージと促される行動

気持ちを表す言葉	メッセージ	促す行動
恐怖・怖い	危険だよ	離れる
怒り	侵入されているよ	攻撃する、逃げる
不安	準備したほうがよいよ	準備する
悲しみ	大切なものをなくした	嘆く時間のためにペースダウン
憂うつ	エネルギー不足	ペースダウン

⇩感情は終わるもの

「同じような感情がずっと終わることなく自由になれず、苦しみが続いている。その結果、止めたいのに止められない行動があるので何とかしたい」と相談を受けることがあります。このように、感情をなんとかしようとして、その感情について考え続けることで、逆に感情にとらわれてしまうケースがあります。

感情は火のようなものだとイメージしてみてください。感情について考え悩むことは、燃えている火を消そうとしながら、薪をくべて燃やし続けているようなものなのです。梨香さんのように、不安になってはいけないと次から次へと「不安なこと」を思い続けるのは、このような矛盾に陥っていることになります。

では、感情の火はいつまで燃え続けるのでしょうか？　いつかは消える、つまり、感情の終わりが訪れるのでしょうか。

これは、「嬉しい気分」を例に考えてみるとわかりやすいでしょう。例えば、仕事で大きな案件を受注してほめられたとします。あるいは、受験で志望校に合格した……。「この気分がずっと続いてほしいなぁ」と楽しい気持ちで過ごした経験がみなさんにもあるでしょう。

さて、ここでみなさんに考えてもらいたいのは、そのうきうきした感情がどれぐらい続くのか、ということです。残念ながら、この気持ちがずっと続くことはなく、他のことをした時にふと終わり、気がつくと別の感情に変化していたり、時間と共にその気持ちは薄まっていたりするはずです。「嬉しい気分」と同様に、他の感情、さらには嫌だと感じる感情も同様に変化して、終わっていくものなのです。

つまり、感情はその感情が運んできたメッセージが受け止められたら、速やかに消えていくのです。さまざまな研究を見ると、感情の火に薪をくべない限り、単発の感情は、20秒から1分程度で終わるとされています。

先ほど、感情はアラームのようなものだと言いました。つまり、アラームのメッセージを受け取って適切に対応することで、確実に終わるのです。

これを知らずに、特定の、ある感情を感じるのはいけないことだ、などと決めつけて、その感情を受け止める力を磨いていなかったり、感情の後の適切な行動の体験がなかったりすると、その感情に対して過敏になりますし、火に油を注ぎ続け感情を消さないように頑張っている、ということにもなりかねません。

結果として、その感情が本来持っているアラームを故障させて、鳴りっぱなし、もしくは、いざという時に鳴らない事態を招いてしまうのです。

05 できそうなことを試してみる

⇩スモールステップで、ゆっくりと進める

さて、梨香さんは、自分の気持ちに気がつくことで、同僚からのランチの誘いを受けることができました（61頁）。これは、決して偶然の出来事ではありません。確かに、具体的な計画を準備していたわけではありませんでしたが、自分の気持ちを確認することで、クールダウンして、適切な選択ができました。まさにセルフモニタリングの効果を体験したのです。

このような小さな成功体験は、次の取り組みを推し進める自信になります。

ここまでの説明でも、「状況を整理できるようになる」「客観的に観察する（セルフモニタリング）」「目標設定」「感情への理解を進める」というステップを踏んできています。

このように、**できることを少しずつ積み上げていくやり方を、スモールステップと呼びます**。

例えば、音楽を聴くのが好きな人が、自分でも楽器をやってみたくなったとします。小さい頃に少しだけ習って、すぐにやめてしまったピアノの練習を再開することにしました。過去に少し触れたことがあるといっても、ほとんど手も動きません。そんな時は、最初から難しい曲を弾くのではなく、簡単な指使いの練習から始めて、少しずつ、簡単なものから、より大変そうな曲へと自分の好きな曲で練習を進めていくことでしょう。このように、少しずつできることを増やしていく、つまり、スモールステップで進めるのです。

梨香さんの仕事でも同じことが言えるはずです。数年前に学校を卒業して就職し、仕事を始めた時から、

①あいさつし、仕事の指示に従う　⇩　少し余裕ができるにつれて人間関係向上
②先輩の仕事に学ぶ　⇩　余裕が出てきて、信頼も増し、人間関係向上
③経験を積んで、結果を出す　⇩　自信も出てきて、人間関係も安定

といったことを繰り返しながら、少しずつ経験値を上げているのです。新しい会社の中でも、積み上げてきたことを思い出して適応できるようになれば、これまでと同様に仕事は進み、人間関係も作っていけるはずです。このように、ある程度できていたことをスモールステップに組み込むことで、取り組みは進みやすくなるのです。

Column
2

主観と客観

本書では、客観的な視点を持つことを強調していますが、これは、私達が、通常は主観的な世界に留まることが多いからであって、客観がよくて、主観は悪い、と言っているのではありません。

主観と客観、それぞれにメリットもデメリットもあります。主観のない客観だけの世界を目指すことは、感情を持たないロボットになることを目指すようなものなのです。

実際に、私達は感情を伝える際には言葉では表しきれないものも一緒に感じていて、それを何とかして相手と共有しようと努めることでしょう。カウンセラーの仕事は、この言葉にならないところを大切にして、それを言葉にするお手伝いすることでもあります。認知行動療法でも言葉を大切にしますが、それ以上に、感じていることも大切にするのです。

楽しさを感じている時、主観の世界に留まったほうがその感情を満喫できます。一方、苦しみを感じている時は、主観の世界にとらわれて問題を悪化させないように、客観的に自分やその周りの状況を確認することも有益です。

つまり私達は、主観と客観を行き来しているのです。これを意図的にできるようにすることは、カウンセリングを進めて行くうえでも重要なポイントとなります。

Part 2

考え方のクセをつかんで新しい考え方を手に入れる

Story 2
心のバランスを見直そう
へぇ
みんなとご飯食べられるようになったんだ
うん
思ってたより みんな普通に話してくれてよかった
よかったね
自分の気持を単語にしたことで少し冷静になれたお陰だよ
あっ 田中さんにちゃんとお礼言わないと
律儀だなぁ
だって誘ってくれて嬉しかったから
連絡先も教えてもらったし
ピ
ピ
ピ

5分
なんて書こうかな…
うーんと
10分
どうしよう…
30分
うーん
うーん
時間かかりすぎっ!!
よし
できた!
今日はお昼ご飯誘ってくれて
ありがとうございました
とても美味しいお店で驚きました
しかも普通!!
うるさいなぁ
シンプルイズベストなのっ
ピ
送信!
ぱふ
ぱふ
もふ
もふ
じー…
今日はお昼ご飯誘ってくれて
ありがとうございました
とても美味しいお店で驚きました
ピッ
既読
既読がついた!
どきどき
どきどきどき
ぱふ…

返事
来ないね
もう23時過ぎ
だからね…
寝ようよ
すー
すー
すー
すー
返事が
返ってこない
どうしたんだろう
何かあったかな…
もしかして
何か失礼なこと
言ったのかも
嫌われ
ちゃったら
どうしよう

もう誘ってくれなくなったらどうしよう
って
おはよう
いい天気だなぁ梨香
ふらぁ
どうしたのその顔!?
メールの返信が気になって…あまり寝れなかった
結局こなかったし
今日も……
行ってきます
今日は15分で出勤か
少しは改善したかな
ガタンゴトン
ガタン
ガタン
あ
ヴヴーー
返信来たっ!
今日はお昼ご飯誘ってくれてありがとうございましたとても美味しいお店で驚きました
よろこんでくれてよかったまた行こう!!
はぁ
よかったぁ
ゴトン
ガタン
ガタン

ガチャ…
あ…
田中さん
お…
おはよう
ス
…
無視された…？
気がつかなかった
だけ？
おはよう
ございます
おはよう
ございます
それとも
1回ご飯行った
だけなのに
メールとかしたから
避けられてるの…？

これ
は…
はい…
課長の態度が冷たい…
どうしたんだろう
いつもは「よろしくね」って言ってくれるのに…
私が悪いことしたのかな…
ザワ
ザワ
ザワ
ボソ…
夏野さんって…
びくっ
え…
今…
私の名前がでた
なんだろう…
私のこと何を言ってるんだろう…

昨日夏野さんから
馴れ馴れしい
メールがきたのよ
えー連絡先
教えたんだ
無視
しちゃいなよ
そもそも
夏野さんと
一緒に話してても
楽しく
ないいんだよね
とか言われて
いたら
どうしよう…
ぼふっ
はぁああぁ
疲れた…
ハル大将
癒してぇ

ぶっ
ごめん ごめん
あ…
えへへへ
だー
最悪
泣かなくても いいじゃん!!
うわわわわわ
しゅん しゅん

コト…
どうぞ
ありがとう
田中さんは
返信くれたけど…
あいさつしても
返事してくれ
ないし
上司は
なんだか冷たい態度で
接してくるし
みんな私の
悪口言ってるし…
大変だったね
そして
最後は誰かさんに
おならをされました
ごっ
ごめんって!!
そうそう
やっと
届いたんだった
君への
プレゼント
がさごそ
手帳!!
じゃーん!!

ありがとう……
え…
どうやって
買ったの?
ネット
そっか…
猫でも
買い物ができる
時代なのね
これから
感情を揺さぶられた時に
1日1回
簡単でいいから
手帳に書いてみて
具体的には
気分が落ちた時に
「状況」「自動思考」「感情」
に分けて
書いてほしいんだ
状況 =感情が揺さぶられたきっかけ
自動思考 =その時考えたこと
感情 =その時の気分
例えば
こんな感じ
上司に怒られた(状況)
私はダメだ(自動思考)
憂うつ(感情)
たしかに
簡単ね
ダメ……
ユウウツ…
メモをとって
パターンがわかったら
対処もできるでしょ
なるほど…
パラララ
1日1回で
意味
あるのかな…

どうせ書くなら
1日3回くらい
書いたほうがいいよね
気分が不安定に
なりがちだし
頑張ろう!
わかった
やってみる!
……
1週間後
ズーン
どうしたの?
ううん
なんでもない…
……
はうー
絶対何か
あったよね?
……
じ…
じつは…
一生懸命
書こうと思って
1日3回
続けてたんだけど
わたしの分のお菓子がない
飲み会にさそってもらえなかった……
仕事終わっても先に帰れない……

途中から
辛くて書けなく
なっちゃった…
こんなことも
できないなんて
やっぱり私は
ダメね…
!!
ギラリ
発見!
ペた!
レッテル貼り
レッテル貼り
何これ?
ハル大将
オリジナル
レッテル貼り
シール!
にゃっ
レッテル貼り
?
どういう
ことよ?
「過度の一般化」をして
ミスを犯した自分に
ダメ人間と
レッテルを貼ってしまう
だから
レッテル貼り

けど
やるって決めたんだから
やるべきでしょ!?
ペキ!
「べき」
今度は「べき」思考発見!!
「べき」思考?
「べき」思考
一体何枚あるのよ!?
1：白黒思考
2：過度の一般化
3：心のフィルター
4：マイナス化思考
5：結論の飛躍
6：拡大視・縮小視
7：感情的理由付け
8：「べき」思考
9：レッテル貼り
10：自己関連付け
全部で10枚かな
覚える必要はないからね
バラッ

一体
なんなの？
クセの
リスト
つまり
困った際によく出会う
10の思考パターン
（考え方のクセ）なんだ
梨香's memo
このメモにも
きっとこの
10のパターンに
当てはまるものが
たくさんあるはずだよ
パラパラ
クセなんて
あるかな…
君は「読心術」の
クセが
あるようだね
えええッ!?
ぶん
ぶん
できないよ
そんな
クセない!!
だって
書いてあるよ
田中さんが
きっと私のこと
悪く言ってる
夏野さん
本当に
役に
立たない
よね
まったく
だ
……
あら…

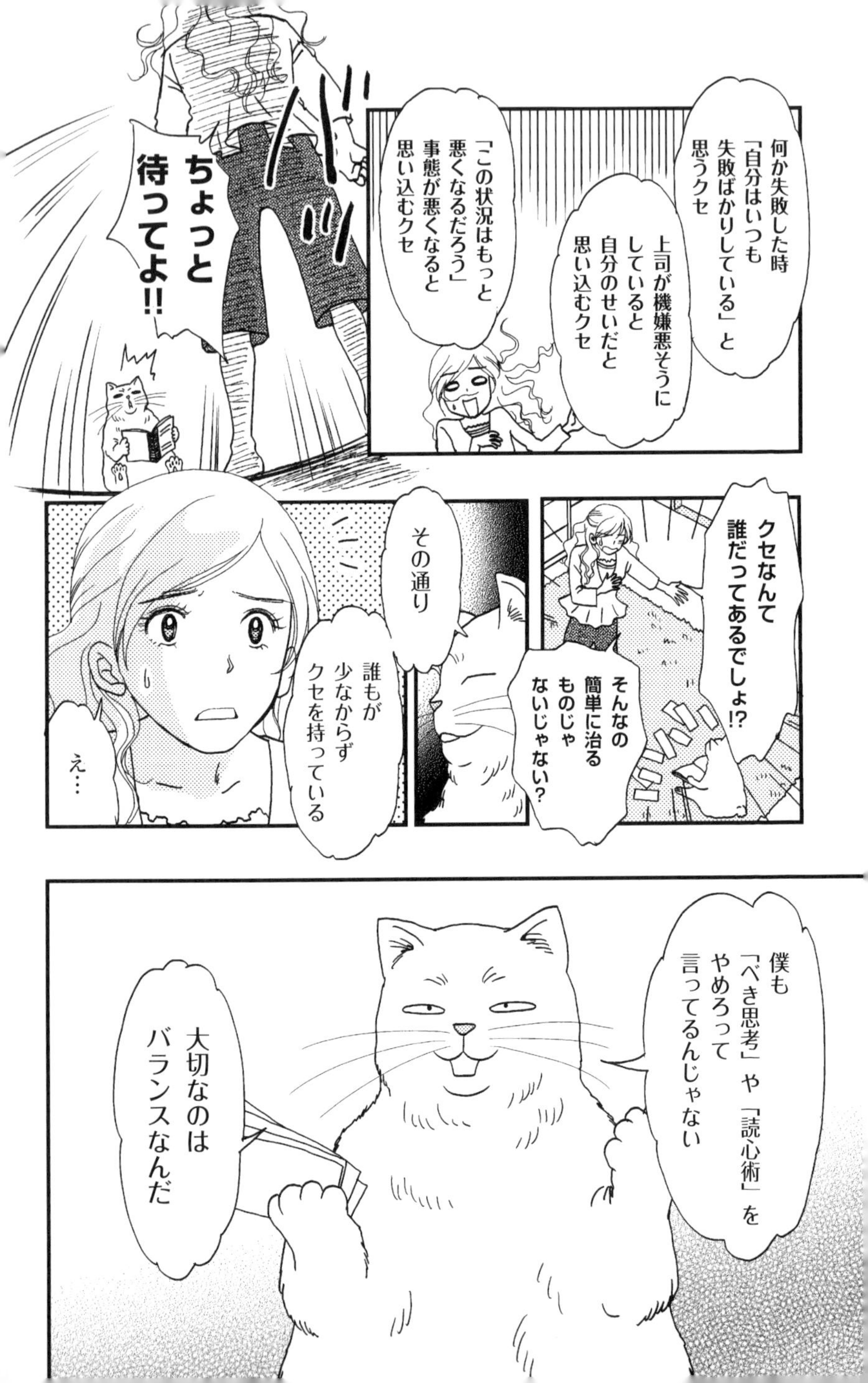
何か失敗した時「自分はいつも失敗ばかりしている」と思うクセ
上司が機嫌悪そうにしていると自分のせいだと思い込むクセ
「この状況はもっと悪くなるだろう」事態が悪くなると思い込むクセ
ちょっと待ってよ!!
クセなんて誰だってあるでしょ!?
そんなの簡単に治るものじゃないじゃない?
その通り
誰も少なからずクセを持っている
え…
僕も「べき思考」や「読心術」をやめろって言ってるんじゃない
大切なのはバランスなんだ

バランス…？
もし まったく読心術を 持たなければ
自分勝手で 空気を読まない人に なるだろ？
よ
元気か
さぁーメシメシ
どこに行くんだ
会議中に
それはそれで 周りから 疎まれたりする こともある
そう なりたいかい？
絶対イヤ
ギュ……
けど…
今まで 真面目にやって きたんだよ
もし自分自身が いい加減な人間に なったらって考えたら
…怖いよ

いい加減な人間って
つまりダメ人間ってこと?
そこまでは言わないけど…
そんな急には変われないってこと
難しく考えなくていいんだ
これくらいの考え方でいい
・失敗ばかり➡失敗することもある
・もっと悪くなる➡よくあること
・べき➡できたらいいな
できたら…いいな…か
大切なのはカチコチに固まった考え方を柔らかくしてみることだ
考え方
考え方

ドロドロ
溶けるまではいかなくていい
ねあぁ
そんな器用にできるかな…
ドロドロ
やわらかい
カチカチ
ちょうどいいくらいだね
まさにバランス
にょ〜ん
やわらかハル大将……
きゅぽん
よし!それじゃあ
もし自分の言葉に「べき」が登場したら…
キュ
キュ
べきべき星人を思い出して!!
どどん!
自信満々!!
べきべき星人
べき
プッ
なにこれ
下手くそ!!
ひーひー
ばたばた
失礼なっ!

だったら
白黒思考だ!!
白黒仮面
フィル太郎
さらに
心のフィルター!
過度の
一般化じゃ!
きゃははは
どうだ これだけ
キャラクターを
作ったら
クセが出た時に
気づきやすいだろっ
わかった!
わかった!
やってみるわ
今の自分を
変えるには
やるべきよね
ほら
でた
え
ぬるっ
はっ
今の自分を
変えるには
やるべきよね
ポーン
やるべき
きゃ!
べきべき星人!!
クセで
言ってるのね…
べきべき
…か…
けっこう
かわいいかも
だろ
カチコチから
柔らかく
ね

夏野さんが考えてくれた企画とてもいいね！
え
部長もほめていたよ！
私もいいと思いました
田中さん
うん！面白いよ
さすが夏野さん
本領発揮だな！
あ…ありがとうございます
やってよかったぁ
ちょっといいですか？

予算を考えると改良が必要かもしれません
もう少しうちの会社に即したものを考えていただけると助かります
す…すみません…
また失敗しちゃった
規模を考えないでアイデア出すなんて新人の失敗じゃん…せっかくほめてもらったのに…
ほらほら
ほんとに私ってダメだな…
ひとつの嫌なことにこだわって全体が見えなくなってるよ
えっと…君は確か…
ぺた
心のフィルター
あ…

3：心のフィルター（選択的抽出）
全体を見ることなくたったひとつの嫌なことにこだわることによって、現実を実際より暗く見てしまう
ほめられたんだから
否定的意見は参考にするくらいでいいんだよね
ふー
カチコチから柔らかく…
すーはー
そう バランスだよ
カチカチ
ドロドロ
心のバランスよね…
イイネ
…もしもしー？…
なにたのしそう
はっ
す、すみません
バイバイ

考え方のクセとは

01

⇩考え方のクセが活性化している時

ある役所の窓口で、感情的になって大声を出している人を見かけました。よくよくやりとりを聞いていると、どうも自分より後に来た人が横から割り込んで先に対応されているのが不当だと訴えているようです。その日、比較的余裕のあった私から見れば、「そこまで怒らなくても…」と思うことですが、怒っている本人にとっては大問題です。その方は、その日に限ってまったく余裕がない状態だったのかもしれません。または、そのような行動をしばしば取る人なら、「順番などの社会のルールは完璧に守られるべきである」などといった考え方をしているのかもしれません。

この例が示すように、**人は考え方の傾向、つまり考え方のクセ（心のクセ）を持っています**。

役所で怒鳴っていた人の「〇〇すべき」も考え方のクセのひとつです。そのほかに、状況を極端な2つのカテゴリーで考える「白黒思考」、たったひとつの嫌な出来事があると、世の中のすべてが同じようだと捉える「過度の一般化」、たったひとつの嫌なことにこだわって、現実を実際より暗く見る「心のフィルター」を始め、さまざまなクセがあります。誰もが多かれ少なかれ考え方のクセは持っていて、人によって多用するクセも少しずつ違います。

普段から人にどう思われているのか気になる傾向が強く読心術が活性化していて、人間関係では心の余裕がないという人もいるでしょう。ちゃんとすべきだという「べき思考」が強すぎて、それが自分の思い込みにすぎないことに気づかず、そのようにできない自分や人を攻撃してしまう人もいます。このように、普段から活性化しているクセもあれば、感情的になった時に気に入らないことがあると爆発してしまうといった具合に、感情が高まっている時にだけ活性化して、悪循環を加速させるクセもあります。クセがどのように出てくるのかは、人によってさまざまです。

次頁に考え方のクセの一覧をまとめましたので、ぜひ内容を確認してみてください。

ほかの書籍では「認知のゆがみ」と表現されていることが多いけど、その表現も否定的なフィルターがかかっているような気がするので"考え方のクセ"と呼んでいるよ！

さまざまな考え方のクセ

	考え方のクセ	内容	例
1	白黒思考 （全か無か思考）	状況を極端な2つのカテゴリーで考えてしまう	自分のやった仕事に少しの欠点が見つかると、「完全な失敗だ」と思う。
2	過度の一般化	たったひとつの嫌な出来事があると、実際をはるかに超えて世の中すべて同様だと考える。	何か失敗をした時、「自分はいつも失敗ばかりしている」と思う。
3	心のフィルター （選択的抽出）	全体を見ることなくたったひとつの嫌なことにこだわることによって、現実を実際より暗く見てしまう。	会社である企画を提案し、一般の評価は大変よいのに、ある人から受けた些細な批判が頭から離れず悩む。
4	マイナス化思考 （トンネル視）	状況に対して、よい出来事を無視してしまうことによって、否定的な側面しか見ない。	仕事がうまくいっても「これはまぐれだ」と考える。何かいいことが起こると「運を使ってしまった」と考える。
5	結論の飛躍　心の読みすぎ （読心術）	現実な可能性を考慮せず、相手が自分に対して悪く考えていると早合点する。	会社の上司に仕事の経過を報告したが、上司はあまり関心をはらってくれない、むしろそっけない態度のように思え、「この頃、自分は上司に嫌われている」と考える。
	結論の飛躍　先読みの誤り	事態が悪くなると決め付ける。	「この病気は決して治らない」、「この状況はもっと悪くなるだろう」
6	拡大視・縮小視	自分の失敗を過大に考え、成功を過小評価する。逆に他人に対しては反対のことを行なう。	些細なミスをおかして、「なんてことだ。これですべて台無しだ」と考える。仕事でうまくいっても、そのことはすぐに忘れてしまうか、「喜べるほどのことではない」と考える。
7	感情的理由付け	例えば「こう感じるのだから、それは本当のことだ」と自分の憂うつな感情を自分の現実認識が正しいという理由とすること。	不安になっている時、「こんなにも不安になっているんだから、何かよくないことが起こるに違いない」と考える。
8	「べき」思考 （命令型施行）	自分や他人のふるまいや考えに対して固定された思考を要求し、それが実現しないことを「最悪」だと考える。	「自分はすべてをうまく成し遂げるべきなんだ」
9	レッテル貼り	極端な形の「過度の一般化」であり、ミスをした自分や他人に対して、固定的で包括的なレッテルを貼ってしまう。	ミスを犯した時に,「自分は敗北者だ」、「ダメ人間」などネガティブなレッテルを貼る。
10	自己関連付け	何か嫌な事柄が起こった時、自分に責任がないような出来事に対しても自分のせいにしてしまう。	上司の機嫌が悪そうにしていると、自分のせいだと思い込む。職場や家族によくないことが起こると、自分の責任だと感じる

穏やかな時はバランスが保たれているおかげでクセが表面化していないこともあります。ほんのちょっとしたきっかけで眠っていたネガティブな考え方のクセが表面化して、「メンタル不調なんかには無縁だ」と言っている人が不安定状態に陥ってしまう例は決して少なくありません。ですから、**調子が崩れた時にどんな考え方のクセが出やすいか、という視点で見てみるとよいでしょう。**また逆に、すべてが当てはまったように感じたとしても、「私はだめなんだ」と思う必要はありません。これぞまさに白黒思考というもの。考え方のクセは多かれ少なかれ誰もが持つもので、当てはまったからといって「問題」ではありませんので、安心してください。

このようなリストを見ると、問題探しなのではないかと怖くなってしまう人もいます。大切なところなので繰り返しますが、**クセは単なるクセであり、問題と捉える必要はありません。ただ、そのクセを明らかにすることによって、そのクセの強さを適度に緩められるようになるのです。**

⇩心の落とし穴にはまっている

うまくいっていない対人関係を振り返ってみたり、仕事での失敗を状況確認シートで振り返ってみたりすると、似たような否定的な感情や考え方のクセにとらわれていることが多くあります。

私は、そのように苦しい状況に陥っている状態を、**「心の落し穴にはまっている」**と呼んでいます。何かしらの嫌な感情をきっかけに考え方のクセに導かれるように、人は心の落とし穴に落ちていきます。落とし穴に落ちた当の本人はそれに気がつかず、考え方のクセを増幅させながら、そこから離れようと泣き叫び、焦り、困惑している状態が続きます。そしてしばらくすると、何とかして手足をばたつかせて穴から這い出します。しかし、またしばらくすると同じ穴に落ちる、これを繰り返すのです。

そこに苦しみの落とし穴があるとわかっていながら、あえてそこに飛び込む人は、そう多くないはずです。落とし穴と、そこに私達を導く考え方のクセの存在を知ることは、落とし穴に落ちないための第一歩です。そして、落とし穴からの抜け出し方、よけ方などを練習していければ、穴があっても怖いものなしです。

心の落とし穴には、一生かけてもなくならないものもあります。実際に、十分に心の練習をして、落とし穴をほとんど意識しなくても大丈夫になった人でも、調子が悪くなると落とし穴に吸い寄せられるようになっている自分に気がつく、と語っていました。

このような取り組みが進むにつれて、「こんな自分のクセが苦しくなる落とし穴とつながっていたんだ」と新しい気づきが広がっていきます。

新しい考え方のための基本ポイント 02

第一印象を疑ってみる

人と会った時に、自然と生じる第一印象というものがあります。

「あ、今日はこの人は機嫌がいいな」「この人、少し警戒したほうがいいかな」「気遣いをしてくれる、いい人みたいだな」などです。具体的にそれを裏付ける根拠などない場合でも、ほとんどの人は自分の第一印象を疑ったりしません。それどころか、その第一印象が正しいことを期待し、その印象に符合する情報を探し始めます。さらには、その印象に合わない情報は、意識する、しないは別として、見なかったことにしてしまうことすらあります。

Ｐａｒｔ１で梨香さんが出向先の会社に出社した時は、かなり憂うつな気分にとらわれていました。つまり、客観的に自分の状態を見ることはできなくなっていたと言えます。そしてその気分の影響で、梨香さんは新しい上司や同僚に対して、自分のことを批判的に見ているという第一印象を持ちました。自分が現実を少し歪めた考えにとらわれていることには少しも気づかずに、悪循環に陥ってしまっていたのです。

第一印象は直観的に正しいという指摘もありますが、実際のところ、**人は合理的な選択よりも慣れた選択をするもの**です。特に、感情がその思考に影響を与えている場合には、なおさらです。したがって、**なかなか客観的に見られないなと気がついた時には、まずは第一印象を疑ってみることも大事です。**

⇩違う見方を探す

幸か不幸か、ここではみなさんに披露できないのですが、じつは、私はきれいな文字を書くことが苦手です。20代の頃は、そのことをコンプレックスに感じてずいぶん

●美しい字を書けないことの ネガティブな要素とポジティブな要素

ネガティブ	ポジティブ
美しくない	自分の書いた字への愛着を育てればよい
雑な人だと思われる	親しみがわく／怖くない／飾らない率直な人
不器用	ヘタなのに頑張っているなと思ってくれる
読めないことがあり時間のロス	時間がかかっても読めればいい 内容やその文章の背景をしっかりと考え直せる
自分のペースで物事を進める人だと思われる	マイペースでおおらか

悩んだものです。新聞広告でペン字や書道の通信講座を見かけるたびに、申し込んで練習した方がいいのではないかと自分で自分にプレッシャーをかけていました。

でも、客観的に見た時、きれいな文字が書けないことはネガティブなことでしかないのでしょうか？　そう考えた私は、無理やりではありますが、ネガティブな要素を裏返して、ポジティブな点も探してみることにしました。

すると、必ずしも自分でダメだと思っていたところが悪いわけではないとわかって、すっと楽になったのです。もちろん、一度検討しただけですべてが解決したわけではなく、繰り返しこのような検討を思い出すようにしていた、ということもあります。

今でも、できるだけ人にも読みやすく書くことを意識しています。いまだにきれいな文字へのあこがれもありますが、かつて感じていたコンプレックスはなくなりました。これも、自分の文字に対する昔とは違う見方がすっかりと身についたからだと思います。

ただし、プロローグのコラム（38頁）でもお伝えしたことですが、ここで、私がポジティブな考え方ができるようになったから楽になったと言いたいわけではありません。**大切なのは、違う見方をすることが、自分を変化させた**、ということなのです。

私達は、いろいろな見方を固定しがちですが、あえて違う見方を探してみると、違う考え方、違う自分を発見するきっかけとなります。

⇩自分の常識を疑ってみる

認知行動療法は、現実的であることは大切にしていますが、同時に、時には自分の常識を疑ってみることもおすすめしています。なぜなら、自分が「常識である」、「頑張れば変えられるはず」だと思っている考えが、じつは、単なる思い込みというケースもあるからです。

例えば、治る見込みがない病気に対して「努力すれば私の病気は治るはず」と強く思って取り組もうとするなら、病気そのものと向き合っているのではなく、単に結末を迎えられない、終わりなき戦いに挑み続けていることになります。

このように、変えられないことを変えようと取り組み続け苦しむ人がいる一方、「自分だけはほかの人とは違う考えをしている。おかしいのではないか?」と自分に対する思い込みを明らかにすることを恐れて、変えられることも変えられないと思い込み、課題を放置して苦しみ続ける人もいます。

自分自身の常識を検討する時に、変えられることと変えられないことについて、どのように考えているのかを探ることで、多くの人にとっての常識からの離れ具合を明らかにすることもできます。自分は独特だと考えている人や、取り組みがエンドレスで終わらないように感じている人など、この思考の外れ具合をていねいに検討する作業が必要になることもあります。

この常識についての検討は、人と同じような考えを持つことがよいと言っているのではありません。ただ、例えて言うならば、「世の中に食べ物はりんごしかない」、というのが常識だと思っている人は独特であっても不自然であり、その結果は不自由な生活が想像されるということです。「世の中には、りんご以外の食べ物もあるのは知っているけど、りんごしか食べない」という独自の考えは、個人の好みの話ですので、認知行動療法でも大切にしているのです。

03 楽になる考え方とは

誰にとっても「正解」の考え方なんてない！

相談に訪れる方（クライエント）と一緒に考え方のクセを見直していると、「どのように考えればよいのでしょうか」と質問をされることがあります。これは楽になるための「正解の考え」があることが前提の質問です。でも、残念ながら、**誰にも共通する楽になる考え方はありません。**

ある時は、Aという考えが自分を助けることもあれば、次の時にはAは効果を持たず、Bという考えのほうが有効になることもあります。一方で、時には少し違和感がある考えを馴染ませるよう取り組む場合もあります。例えば、梨香さんの場合、現段階では彼女にとって両親はプレッシャーとなっているようですが、その関係性が成長していた時には、「親は私の味方になってくれる人達なんだ」と思えるようになり、その、両親に対する新しい捉え方が定着することで楽になっていくこともあるかもしれません。

どのような考えが、その時々の自分に合っているかは、気持ちが教えてくれるもの

です。言い換えると、無理したり背伸びすることなく、何となくしっくり来る考えがベストだということです。例えば、パズルのピースが合った時には、楽に、自然にはまりますね。これと同じです。無理やり押し込もうとする時の感覚と比べてみると、その違いをみなさんも想像できるのではないでしょうか。そして、その考えは、多くの場合取り組みを続けていくにしたがって、より安定し、成熟した視点へと変化していきます。

⇩「柔らか」を心がける

これまで、苦しい時には落とし穴に落ちていて、その時は他の考え方ができなくなるどころか、特定の考えや考え方のクセに固執してしまっている、とお伝えしてきましたね。つまり、他の考えなんて思いも及ばず、今その時の考えがカチカチに硬直化してしまっている状態です。

こんな時、じつは、わざわざ新しく別の考えを探さなくても、もとの考えを柔らかくするだけで、十分に楽になれることもあるのです。

ある取り組みの例を紹介しましょう。Cさんは、精神的に余裕をなくして相談に訪れたと言います。「とにかく気持ちに余裕がなくふさぎこんでしまう」と苦しい状況を訴えるCさんの話を聴いていると、Cさん自身は、「人に思いやりを持って接したい」という想いを大切にしていることがわかりました。私もそれはとても素晴らしいことだと感じたのですが、それが余裕をなくしてしまったこととどうつながるのかを確認していくと、その謎はすぐに解けました。Cさんは、その想いを強く持ちすぎるあまり、人に思いやりを持って接することができないと自分を責め、思いやりのない行動をする人を責め、さらに、そんな自分を責める、という悪循環にはまってしまっていたのでした。

Cさんの考え自体は問題でも不都合なものではないのですが、その考えが、先ほども紹介したよくあるクセのひとつである「べき」を帯びることで、カチカチに硬直してトゲのある考えになってしまっていた

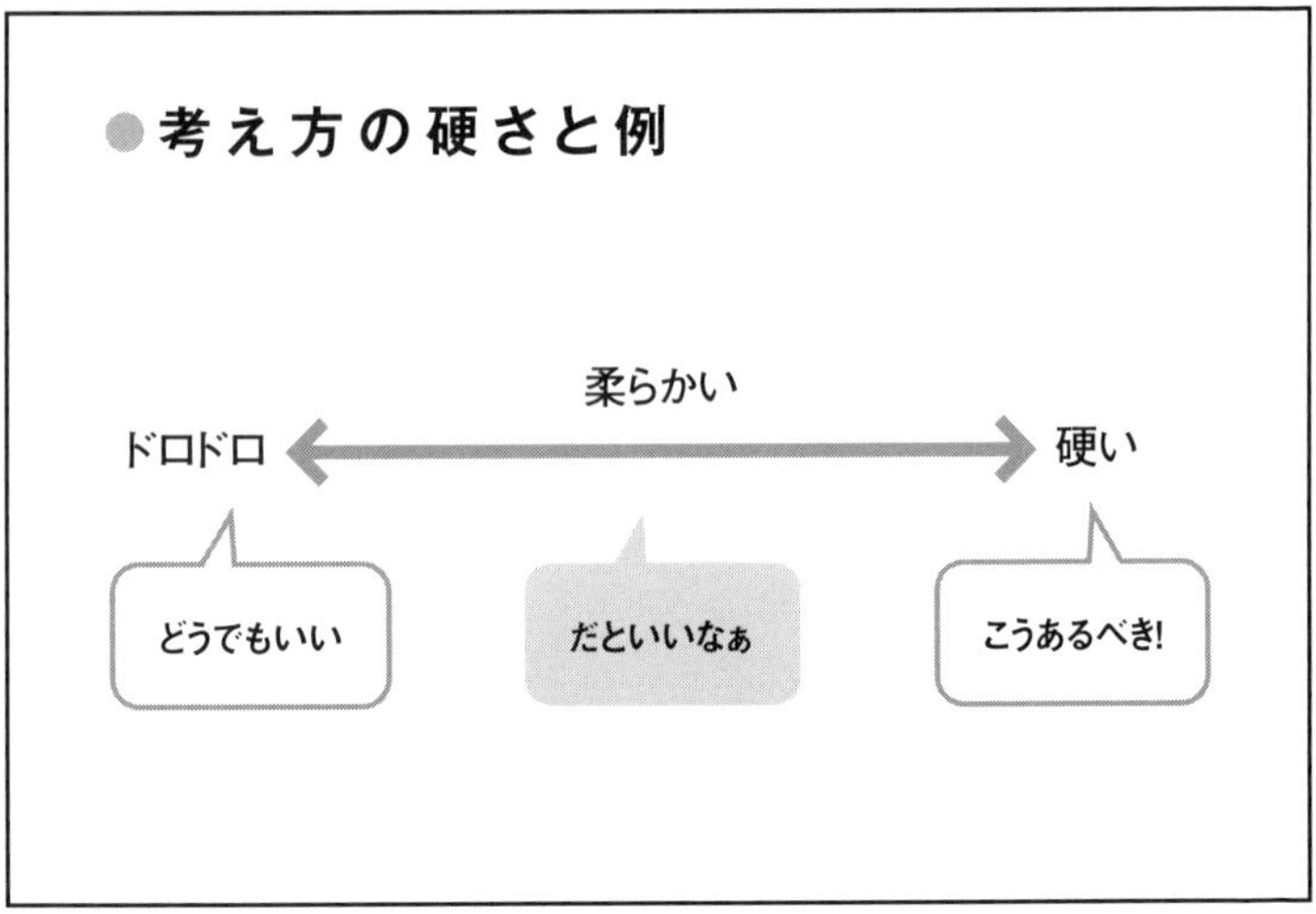

のです。

その後Cさんは、自分の考えが悪いのではなく、考え方が「べき」を帯びて硬くなってしまっていることに気づき、その想いを大切にしながらも、その考えを適度な柔らかさで自分の中に置くよう意識する練習をしていきました。

このCさんの場合には、「べき」に気がつくたびに「……だといいなぁ」と語尾を変えていくよう取り組みました。

このように、**考えをまったく新しいものにするのではなく、その考えを受け止めやすいものに衣装替えして、パターン化した思考にメスを入れることも有効な方法です。**

⇩正しさを追い求めすぎない

人は、自分の考えを否定したくないし、されたくない、というのが自然です。ただ、否定を恐れて、検討を避け続けると、いつの間にか「自分の考えは正しい」という思いにとらわれてしまうことがあります。実際に、考えを検討することは、考えが柔らかくなるように揉みほぐすことなのです。この作業から逃げ続けることは、まるでブレーキが壊れてアクセルしかない車を運転するようなものです。

「私は正しい」と思うことで暴走が始まると、客観的に状況を確認する力は奪われ、正しさを主張する権利を持ったように感じ、正しくない人とは話し合う必要はない、と考えるようになります。そこでは、人との対話はなくなります。「あの人が間違っているから、とことん訴えてやる」という具合に人への攻撃をエスカレートさせてしまったり、「私のミスなんだから、私がだめなんだ」と自分を抑うつ状態にまで追い込んだりと、その考えを正しいものとみなし、感情的に追い込むのです。この状況は、白黒思考によって、「私は正しい」という落とし穴に落ちて苦しくなってしまっているとも言えます。

ブレーキが壊れた状態で、解決に向かって突っ走ろうとするのですから、最後は何かのトラブルが大きくなったり、調子を崩したりと、ぶつかって止まるしか術がなくなってしまうのです。

「私は正しい」という考えが浮かんだ時ほど、立ち止まって考えたり、それ以上深追いしないことが大切です。

⇩考えや行動を「見える化」する外在化

ストーリーの中で、猫のハルは、梨香さんの「レッテル貼り」のクセに気づき、わかりやすくそれを指摘していました。ハルがとったこの方法は、専門的な言葉で「外在化」と言います。特定の考えや行動などを擬人化し、自分から切り離して捉えようとする技法です。ストーリーの中では、「べきべき星人」だったり、「フィル太郎（心のフィルター）」、「白黒仮面」として紹介されています。最近の子ども達の間ではやっている、「妖怪ウォッチ」に出てくるさまざまな妖怪も似たような発想ですね。

外在化をする時は、ストーリーの中でも取り組んでいるように、絵に書いたり、名前を付けることで、その観察する対象を把握しやすくなります。

フィル太郎

白黒仮面

べきべき星人

新しい考え方を探す4ステップ（認知再構成法）

04

4つのステップとは

ここまでに見てきたように、考えは私達の状態や気分に非常に大きな影響を与えます。言い換えると、**自分にフィットする違う考えや捉え方を見つけることができれば、自分の気分を変えることができる、**ということでもあります。ここまでで、違う見方を検討してみたり、考え方のクセを明らかにしようとしてきたことも、すべてここにつながります。実際に、みなさんも苦しかった過去を振り返り、その時に浮かんでいた考えと、落ち着いた後に浮かぶようになった考えが随分と違う、ということも体験しているはずです。

この「新しい考え」を探してみるために必要なのは、次の4つのステップです。

- **ステップ①　「私は◯◯と考えている」で考えをつかむ**
- **ステップ②　ステップ①でつかんだ考えに対してさまざまな質問をする**

・ステップ③　別の考え方を選び直す
・ステップ④　新しい考え方をなじませる

↓

ステップ①　「私は○○と考えている」で考えをつかむ

私達の頭の中では、常にたくさんの思考が浮かんでは消えていきます。そしてそのうちのいくつかが意識にひっかかって、考え続けられることになります。

梨香さんも、ランチのお礼のメールを打つ段階で、さまざまな考えが頭の中を渦巻いて、簡単な数十文字のメールに30分以上かけてしまいました（95頁）。さらにその返信がなかった時も「調子に乗っていると思われたのでは」などと、とりとめもない思考が浮かんでは消え、その夜はとうとう一睡もできません。ところが、当の梨香さん自身は自分の頭の中でさまざまな考えが巡っていることに気づいていないのです。私達も程度の差はあれ、同じようなことを体験しています。

このように、浮かんでは消えていく**とらえどころのない思考をつかみ、客観的に自分を見るための方法が、「私は『○○』と考えている」と表現してみることです**。例えば、梨香さんであれば、「調子に乗っていると思われたのでは…」と答えの出ない問いかけをし続けるのではなく、「私は、『送ったお礼のメールに対して田中さんが「調子に乗っている」と思っているのではないか』と考え、心配している」と表現してみるといった具合です。ここでつかんだ考えが「自動思考」と呼ばれるものです。

⇩ ステップ② ステップ①でつかんだ考えに対してさまざまな質問をする

ここでは、ステップ①でつかんだ考え（自動思考）を一旦横に置き、その考えを検討するためにさまざまな質問を投げかけて、別の考えを探してみましょう。

いくつか、ヒントになるような、質問を書き出してみます。

- 自動思考がその通りであるとの事実や根拠（理由）は？
- 自動思考が必ずしも正しくないことを示す事実や根拠（理由・反証）は？
- 自動思考を信じることのメリットは？
- 自動思考を信じることのデメリットは？
- いつも似たような考えとともに、苦しくなっていないだろうか？
- 考え方のクセにとらわれていないだろうか？
- 最悪どんなことになる可能性があるか？
- 奇跡が起きたら、どんなすばらしいことになるか？

- 現実には、どんなことになりそうか？
- 以前、似たような体験をした時には、どのような対処をした？
- 他の人なら、この状況に対してどんなことをするだろうか？
- この状況に対して、どんなことができそうか？
- 自分と違う正反対の考えを持つ○○○○（友人・知人）ならばどう考えるか？
- もし○○○○（友人・知人）が同様の状況に陥っていたら何と言ってあげる？
- 自分自身に対して、どんなことを言ってあげたい？

逆転満塁ホームランを狙うように、「すごい！　と感じるような考えを見つけなければ」と力まず、「この質問はアイデアがわいたなぁ」といったレベルで柔軟に検討すれば十分です。

以上の質問の中で、「自動思考を信じる／信じない」も選択肢に入っているところがポイントです。これは、「自動思考が出てきてもよいけれど、その考えとゆったりとした距離を置く」ことも選択肢に入ることを意味しています。つまり、必ずしもその自動思考を変えなければならないわけではないのです。

⇩ステップ③ 新しい考えを選び直す

さて、さまざまな角度から質問を投げかけたら、次はそれに基づいて新しい考えを選び直す作業です。

認知行動療法では、検討作業を書き出して整理しやすくする時に、左頁のような思考記録表なども活用します。

思考記録表の簡略版は、紙に1本の線を引いて、左に、浮かんできている考えを書き、右に別の考えを探して書き込む仕組みのシンプルなものです。このような道具は、「うまく利用して使いこなす」ぐらいに位置付けて、気軽に取り組んでみてください。

新しい考えを探すことは、歩きなれた道を使わないように意識して、未知の宝物へと導いてくれる「けもの道」を探し出すことでもあります。宝物とは、なりたい自分、楽な自分、などのゴールのことです。そして、その新しい道を踏み固めて、歩き慣れた道にしていくのです。

繰り返しになりますが、どんな考えを選択するかに「正解」や決まりはありません。現実的か、「常識」に偏りがないかを意識しながらも、自分が楽に感じられることが大切です。人の目を気にしたり、理想に偏って現実から離れすぎていたり、合理性を無視して理

思考記録表の例

思考記録表

状況	気分	自動思考（イメージ）	適応的思考	今の気分
具体的に 誰と? 何を? いつ? どこで? どんな状況で? どんな出来事が?	情動（気分）の言葉は？（怒り・悲しみ・不安など）その強さのレベルを%でその時、今とそれぞれ数値で記入する	その時に浮かんだ考え・イメージや記憶は? ホットな自動思考はどれ?	根拠・反証を見て、自然と浮かんできた全く新たな、あるいは楽にしてくれる考えは?他の人から聞いて取り入れてもよさそうな考えは?その考えの納得のレベルを%で確認	左で確認した気分のレベルの変化を%で確認してみましょう
○年△月×日（○） 21時頃 ハル大将に思考記録表を書いてみたら、と言われた。	過去　今 楽しみ　　50 不安　70　50 焦り　80　40	・何とかなるかもしれない ・これだけで何とかなるのだろうか ・ちゃんと書けるのだろうか	・「べき」にとらわれずに1日1枚、マイペースで取り組もう	楽しみ　65% 不安　40% 焦り　20%

簡略版

浮かんできた思考	別の考えを探して書き込んでみる

屈で選ばれた考えは効果が少ないどころか、自分の気持ちにフィットせずにさらに自分を責めることにつながりやすいので注意が必要です。

どうしても苦しい時には、短期的に楽になるために、長期的には必ずしも有益とは言い切れない考えを一時的に選択してしまうことも多々ありますが、そのような選択も間違いではありません。少し極端な例ではありますが、一例を紹介しましょう。

Eさんは、これまでみなさんに説明したような方法で検討を進めた結果、「もうすべて終わりにする」という考えを選びました。傍目には、長期的に見て気になる「考え」です。ただEさんは「この考えが、一般的には受け入れ難いのは知っている。でも、今はそう考えることで、何とか自分を維持できるんだ」とその判断について語っていました。短期的に楽になるためには、こういった考えが役に立つこともあるのです。その後、状態が変化していくにしたがって、長期的に自分を楽にできる現実的な考えを探せるように、調整し続け、取り組みを進めていけばよいのです。つまり、**自分を説得するのではなく、納得できる考えを見つけることが大切です。**

⇩ ステップ④ 新しい考えをなじませる

いくら自分を楽にする考えを見つけられたといっても、新しい考えがすぐに定着して自動思考になるわけではありません。最初のうちは、せっかく思いついた考えを肝心な時に忘れてしまうのが普通です。だから、**繰り返し思い出し続けるような工夫を一定期間続け、その期間を通して実感がどう変化していくのか確認していくことが大切です。**

とても素敵な発想を見つけて、「これで私の人生は変わるかも」と思った経験がある人もいるかもしれません。ただ、変化していく過程では、上り調子の時も下り調子の時もあります。うまくいく経験の中では、期待値を高めエネルギーをためて勢いをつける一方、うまくいかない時には腐らないように踏みとどまって取り組みを維持する、「心の筋肉」を鍛えるトレーニングに励むのです。**うまくいかない時があることも自然なことであり、それは必ずしも取り組みの失敗を意味するわけではありません。**行き詰まり感を体験すると、それまでの取り組みをすべて捨ててしまいたくなるものです。そうなってしまうと、最初に戻ってもう一度、となりやすいので、記録を取ったり、進捗を繰り返し確認する機会を持ち、ていねいに取り組みを続けてください。

Column 3

変化が進む時とは

「自分は何から何まで完璧で、大好き」と自分を100%受け入れている人は、めったにいません。たいていの人は、「まぁいいかな」と受け入れつつ、「変わる」ことも期待しているというのが本音でしょう。

では、人が「変化」するというのはどんな時なのでしょうか？「人が変わる」ためのポイントは大きく3つ挙げられます。

①わかってもらえたという体験……苦しい時には、アドバイスよりも、共感的にわかってもらえたという体験、ひとりではないという感覚が、先に進むための最初の一歩を進めるエネルギーになります。

②自分でできることがあるという実感……苦しい時には、追い詰められた気分からその状況を振り返るので、自分ではもうどうしようもないと思いがちです。自分ができそうなことから取り組みを始め、何とかできそうだという実感を取り戻すのです。

③選ぶ体験……悩ましい選択肢や葛藤の中で、何かひとつを選ぶことは、自分を取り戻し、取り組みを進めようと一歩を踏み出すことにつながります。

見ていただくとわかるように、どれもそんな大掛かりなものでも、特別なことでもありません。認知行動療法でも、人の変化を促すためにこのような視点を大切にしているのです。ぜひ、普段の生活の中でも取り入れてみてください。

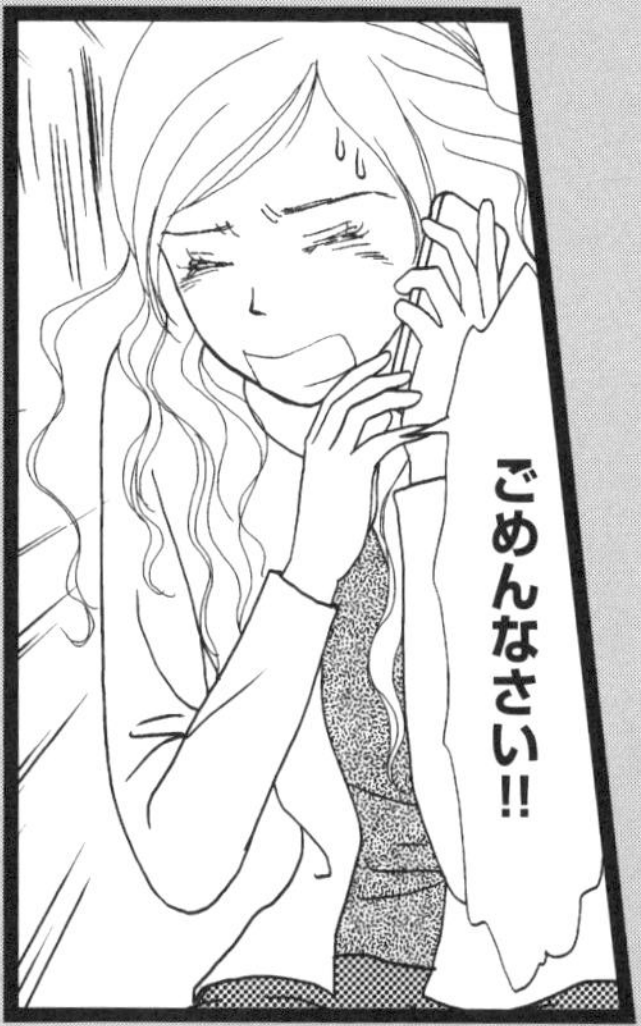

Part 3

「いつもと違う行動」で世界を広げてみる

Story 3
「できない」って言ってみたら……
うーん いい天気だねぇ
ぽかぽかして 気持ちいい
散歩できるように なったなんて だいぶいい感じに なってきたね
以前は ずっと下ばかり 見て歩いてたから
天気がいいなんて 気づけなかった

たまたま俺が
ついてるからいいけど
つらかったら
病院に行って
お薬の力を借りるって
手もあるよ
え〜
病院はいいよ…
なんか怖いもん
ちゃんと
「怖さ」に
気づいているんだ
怖いって
へんかな？
そんなこと
ないよ
ここのパスタ
美味しい〜!!
そうね
ただ　ランチの割に
高くてお財布には
厳しいよね
たしかに…
もっと節約して
貯金するべきね

ポン
あ…
べきべき星人
また決め付けちゃってる
たまには贅沢もいいかも
それくらいの気持ちでいいんだよね
最近は前と違ってバランスもとれてきたかも
なになに
何か楽しいことあった？
仕事もようやくこなせるようになってきたし
信頼してくれて新しい案件も任されるようになった
夏野さん この件なんだけど… ちょっと打ち合わせする時間ある？
え…
どうしよう
打ち合わせしてると今日の仕事が終わらなくなっちゃう…

忙しいかな?
いえ…
大丈夫ですよ
キィ
数時間後
それじゃあ
資料作り
よろしくね
はい
わかりました
ふぅ
忙しいのに
安請け合い
してしまった…
残業すれば
なんとかなるかな
さて
急がないと
ん?
早織さんから
メール?
差出人
秋元早織
件名
新規案件につい
宛先
夏野梨香
夏野さん
お久しぶりです、秋元です。
今日は相談があってメールしまし
から始まる新規案件で、

夏野さん
お久しぶりです、秋元です。
今日は相談があってメールしました。
これから始まる新規案件で、
ぜひ夏野さんと一緒にやりたいものが
あるのだけど協力お願いできないかな？
これまで一緒に働いてきた
夏野さんとだったらやりやすいし、
きっといいものができると思っています。
そちらの仕事も忙しいかもしれないけど
一緒に作品を作れたら嬉しいです。
よい返事待ってます。
秋元早織
早織さんが 私と一緒に 仕事したいって 言ってる…
こんなこと 初めて…
…って
早織って 誰よ?

本社でずっと切磋琢磨し合ってたライバル
へぇ
お互いの力を認めているからこそいい関係が築けていたわ
ただ今は
すっかり差がついちゃったかな…
彼女は本社で結果を出し続けているし
そんな早織さんが私と一緒に仕事しようなんて…
ちょっとビックリ
けどそんな余裕あるの?
え…

結構仕事の量も増えてきたって言ってたでしょ？
無理はよくないよ
早織さんの期待を断ることなんてできないよ！
頼まれた以上頑張らなきゃ！
おフロ入るよっ
……

ふぅ
ちょっと夏野さん
この前お願いした資料作ってくれた？
ビクッ
あ…
すみませんまだです!!
そんな…!すぐに使いたいんだけど…
カチカチ
今すぐやります
本当に大丈夫？他にも仕事あるんでしょ？
手伝おうか？
大丈夫です必ず仕上げますから!!
カタカタカタカタカタ
そう…
カタ
カタ
カタ
何かあったら言ってね
カタ
カタ
カタ
カタ

どさっ
ガチャン
疲れたぁ
はぁ
最近寝不足なんじゃないか?
大丈夫大丈夫…
さて…
カタ
うぃーー
えっ
まだ仕事するの?
うん
終わらなかったから…
タンッ
梨香
あのさ…
話しかけないで今忙しいの!

ちゃんと全部
やり切らないと
夏野さん
本社の秋元さん
という方から
電話がきていますよ
ビクッ
キイ…
もしもし…
もうすぐ
締め切りだけど
お願いしたもの
いつ
提出してくれるかな？
そ…
それは…

締め切りには出すよ ちゃんとやらないと たくさんの人に 迷惑かかっちゃうし！
よかった！ よろしくね
えええええ！
何もできていないの？
なっ… 何もできてないわけじゃないわよ
締め切りまでには終わらせることができないって言ってるの！
それじゃぁ締め切りを延ばしてもらえるように頼めない？
それは…できないよ

そんなこと言ったら
早織さんになんて思われるか…
怖いの…
やっぱり
やっぱり…？
よいしょ
期待されると嬉しくてとことんやってしまうんだろ？
そりゃそうでしょ
けど…どんなに頑張ってもその気持ちはいつまでも続かないよ
ほどほどにして手を抜かないと身体が持たない

けど…
怖いとか嫌だとか そういった感情を 避けるための行動を 回避行動って言うんだ
回避行動
回避行動が増えると 新しい学習体験は できなくなり 行動範囲も狭くなる
怖
やめて 自分がやるから ゆるして
怖さから 逃れるために 自分を犠牲にして 感情を殺し我慢する 無理をする
悪循環から 抜け出せないよ
言いたいことは 言う！
いよいよ行動に 移すんだ！
つまりそれって 早織さんに 締め切りを延ばせって 言えってことでしょ!?

無理！無理!!
絶対に無理!!!
だれもいきなりそんなことまでは望んでいないよ
言いたいことを言えるようになるにはスモールステップだよ！
スモールステップ？
いきなり高いところに挑戦するのは難しい
ひー
しかし小さな階段を上って少しずつ怖いという感情に立ち向かえるようになれば
てく
てく
てく
てく

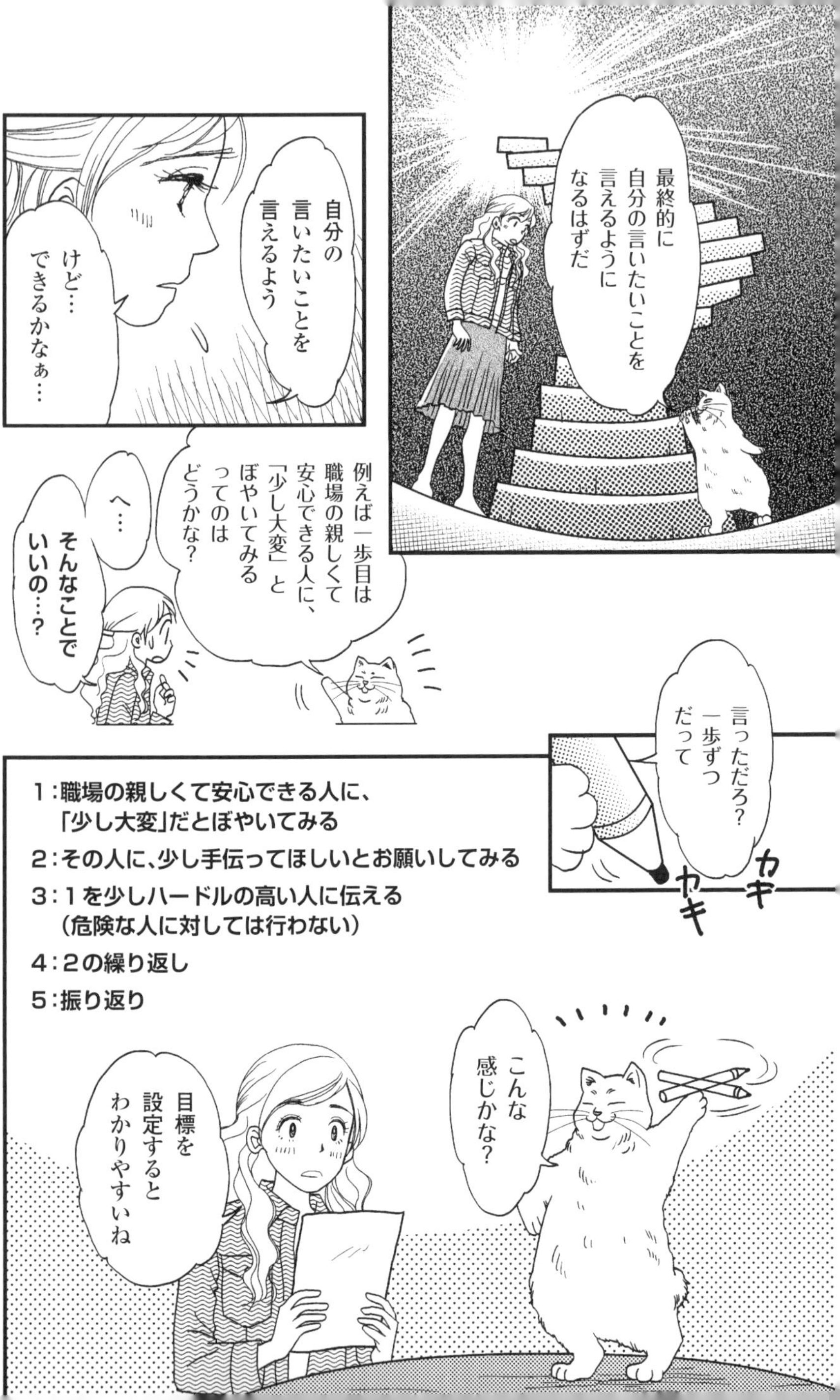
最終的に自分の言いたいことを言えるようになるはずだ
自分の言いたいことを言えるよう
けど…できるかなぁ…
例えば一歩目は職場の親しくて安心できる人に、「少し大変」とぼやいてみるってのはどうかな？
へ…
そんなことでいいの…？
言っただろ？一歩ずつだって
カキ
カキ
1：職場の親しくて安心できる人に、「少し大変」だとぼやいてみる
2：その人に、少し手伝ってほしいとお願いしてみる
3：1を少しハードルの高い人に伝える（危険な人に対しては行わない）
4：2の繰り返し
5：振り返り
こんな感じかな？
目標を設定するとわかりやすいね

自分から
コミュニケーションを
とれるようにならなきゃね
どこまで
できるのか
わからないけど…
ギュ…
やってみる！
へ～
そんなことが
ねー
びっくりよね～～
会社で一番
仲よしの
野口さん
彼女にただ
「仕事大変だよ」
ってぼやくだけ
なのに…
意外と
ドキドキする…
ズズ……

やめとこっかな…
べつに私が
頑張ればいいだけ
じゃない…
今のままでも…
ドーン
一歩ずつ
だよ！
ドキーン
また怖いという感情が
私を包もうとしている
ぐっ……
一歩ずつ—
あのさ…
ん

最近
仕事が少し
大変なんだよね
ドキ
ドキ
呆れられ
ちゃった
かな…
いいんだよ
仕事なんて
ある程度
適当でっ
へ
最近
梨香さん
頑張り過ぎ
だもん！
ねっ
！
野口さん…
やっぱり
やさしい…
少し自信が
ついた
もう少し
上って
みようかな！
ぐっ

悪いんだけど…少し手伝ってもらえないかな？
え
う～ん
仕方ないわね～
梨香さんに頼まれたら嫌なんて言えないよ～！
あ…
ありがとうっ
大げさよ！
スモールステップやってみてはじめはドキドキしてたけど
想像していたより大丈夫だったわ

なんだか過剰に怖がっていたみたい
すごいね そこに気がつけたなら大成功だよ!
今ならできそう
早織さんにも電話してみようかな
え…
締め切りを延期?
…もっと早く言えばよかったんだけど
なかなか言い出せなくて…
……
ごめんなさい!!

わかった！
なんとかするね
ほっ……
よかった…
ありがとう
ごめんね…
ところでさ
今日時間ある？
休日出勤で
近くに来てるんだ
え…
ドキッ
Cafe de

怒られる…
やっぱり
わがままなんて
言うんじゃなかった…
言ってくれて
よかった
ど…
どういうこと？
カキャ…
本社にいた頃も
感じていたん
だけど
様子が以前と
違ったから
心配していたの…

じつは私も昔仕事が辛くて参ってた時期があったから
もしかして同じかなって思って…
早織さんも…やっぱり夏野さんも
うん…
詳しく話してもらえない？
私の経験で役に立ちそうなことがあるかもしれないし…
早織さん…
じつは…
そっか
大変だったね！
さすがに　猫がしゃべったとは言えなかった…
つらかったら病院やカウンセリングっていう手もあるよね
え…

そんなにかまえなくてもいいわよ！
今はいい薬もあるし相談にものってくれる
私もはじめは行くの怖かったけど行ってよかったって今は思ってるわ！
ギュ
病院に行くのは怖い感情が回避行動をさせていたから…
けど…
一歩ずつでもいいからこれからもスモールステップを続けてみようかな！
ありがとう
行ってみるね

01 人はどのように行動しているのか？

ここまで、思考に関するさまざまな視点やその扱い方を中心に解説してきました。このパートでは、認知行動療法のもうひとつの柱、「行動」を中心にお伝えしていきます。

行動モデルとは

例えば手痛い失敗をしてしまった時など、「なんであんなことしちゃったんだろう！」と思うことはあっても、「人はどのように行動するのか」などと、普段の生活の中で改めて考えることはないかもしれません。しかし、「行動」にも法則があります。行動や学習の仕組みを説明する**「行動モデル」と呼ばれるもので、行動モデルとは、「きっかけ」「行動」「結果」の3ステップで示されます。**

わかりやすい例でこの行動モデルを説明してみましょう。

例えば、あなたは知り合いが泣いているのを見かけたとします。それをきっかけとして、「どうしたの、大丈夫？」と話を聞いてあげる、という行動が促されます。結果として、相手も少し落ち着いたようで、話を聞いたあなたも一緒にホッとすることができました。このような結果は、「嬉しいもの」ですから、また同じようなきっかけに出会うと、同じような行動が促されやすくなりますね。この一連の流れを「行動モデル」と言います。

　もうひとつ別の例、例えば、テレビショッピングの場合で考えてみましょう。商品を紹介する番組を見て前から気になっていた商品が店頭より安く売っているのを見つけたとします（きっかけ）。そこであなたは購入申し込みの電話をかけます（行動）。すると、テレフォンオペレーターの対応がよく、かつその商品を買えたことの満足感に浸りました（結果）。いかにもあ

●行動モデル

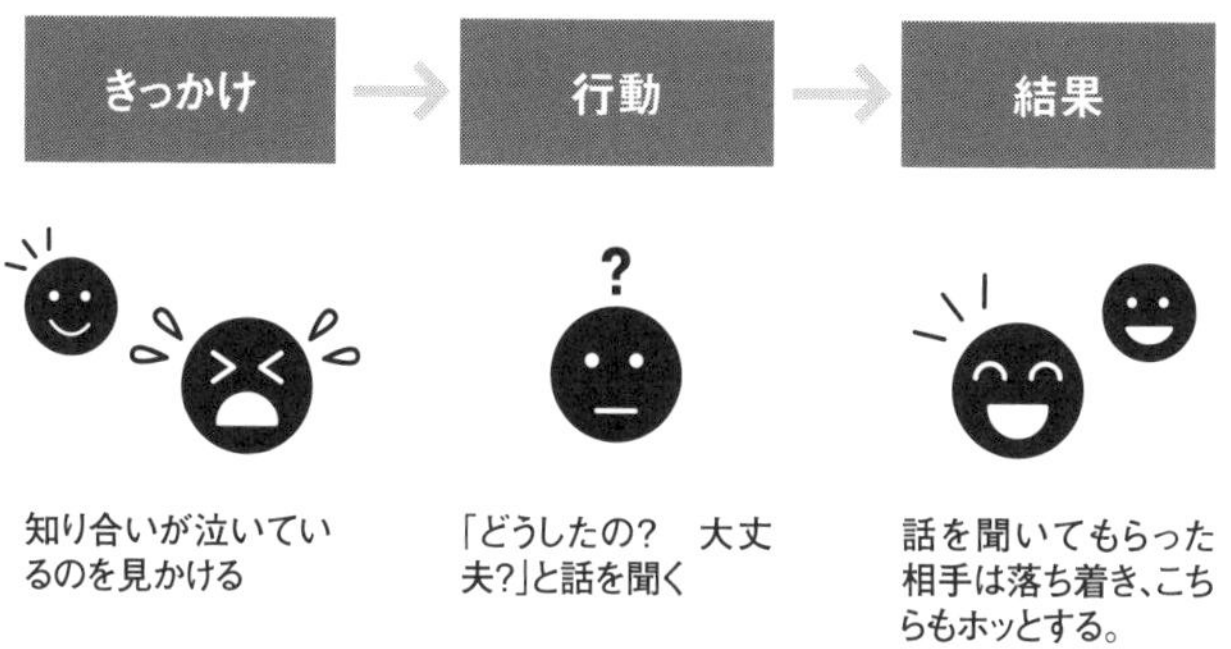

話を聞いてもらった相手は落ち着き、こちらもホッとする。

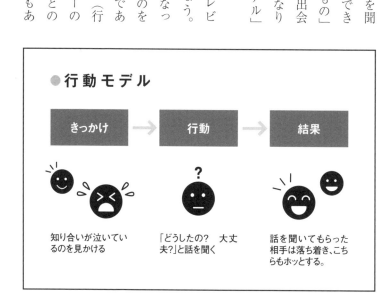

りそうな流れですね。

多くの広告や情報発信は、人がこのようなモデルに従って動く傾向を利用して、作られているのです。言い換えると、このようなモデルを理解してから自分の行動パターンを探してみると、自分がどのような結果を望む傾向にあるか、何が自分を動かしているのかがわかりやすくなります。

⇩行動は相手や状況に合わせて変化するもの

ダイエットしたいのに、大好きなケーキを食べるのをやめられない、お酒やタバコとすっぱり縁を切りたいのにずるずる続けてしまう……。誰にでもそんな、やめたいのにやめられない行動があるでしょう。ですから、「行動を変えるのは大変」と思う人は多いようです。

しかし一方で、**行動はあなたが知らないうちに変わっているのも事実です**。と言うのも、私達の行動の多くは、自然にその状況や感覚の変化に応じて修正されているものだからです。例えば、あなたは出会う相手によって態度が変わるのを経験したことはありませんか？　また、自分はいつも自然体だと自負している人でも、緊張する相手もいれば、安心できる相手もいるはずです。普段は仲のいい相手でも、ケンカした後ではその行動は変化するという経験もあるはずです。そして、時にはちょっと頑張って自然に振るまおう、などと行動を調整すらしているのです。

このように、人は状況に合わせて適切に振るまおうとする能力、調整能力を持っています。その力は、「人の振り見て我が振り直す」といったモデリングの力にもつながっています。したがって、**行動を変えるとしたら、気合いや根性に頼って頑張るのではなく、変化が起こりやすい状況を準備するほうが有効です。**環境の工夫は、その行動の調整能力をうまく活かすために役立つのです。

⇩感情と行動の関係

人は、「行動してよかった」と感じる体験をすると、その行動を繰り返すようになることが研究でわかっています（これを「行動が強化される」と言います）。「よかった」という気持ちは、行動を促す大切なポイントです。Ｐａｒｔ１の「感情が運ぶメッセージ」（86頁）でも感情自体が特定の行動を促すエネルギーとなることを述べました。このように、**生じた感情によって発動される行動を、感情駆動行動と呼びます。**

「感情駆動行動」、なんだか難しい言葉が出てきましたね。例を見ながら説明しましょう。

例えば、知人と会う約束を守ろうと、一生懸命に仕事を切り上げたにもかかわらず、相手が直前にキャンセルしてきて、その理由が「他の人と出かけていた」ことだったとすぐ後でわかってしまった、という状況を思い浮かべてください。当然あなたは嫌な気持ちになるはずです。怒りが湧いて、相手に文句を言うこともあるでしょう。

ここでの「怒りが湧く→相手に文句を言う」が、感情駆動行動です。ここで怒りが湧いてきて相手にひと言言いたくなるのは、自然なことです。ただその時に、相手を殴ってしまうのは、やり過ぎです。このように、感情駆動行動は感情の強さ、その感情への耐性、そして経験によって、その状況に適したものにも、不適切なものにもなってしまうのです。

逆に、「もうあんな嫌な気持ちになりたくないから、あの人とは付き合わない」というように、**特定の感情を避けるための**

感情駆動行動と回避行動

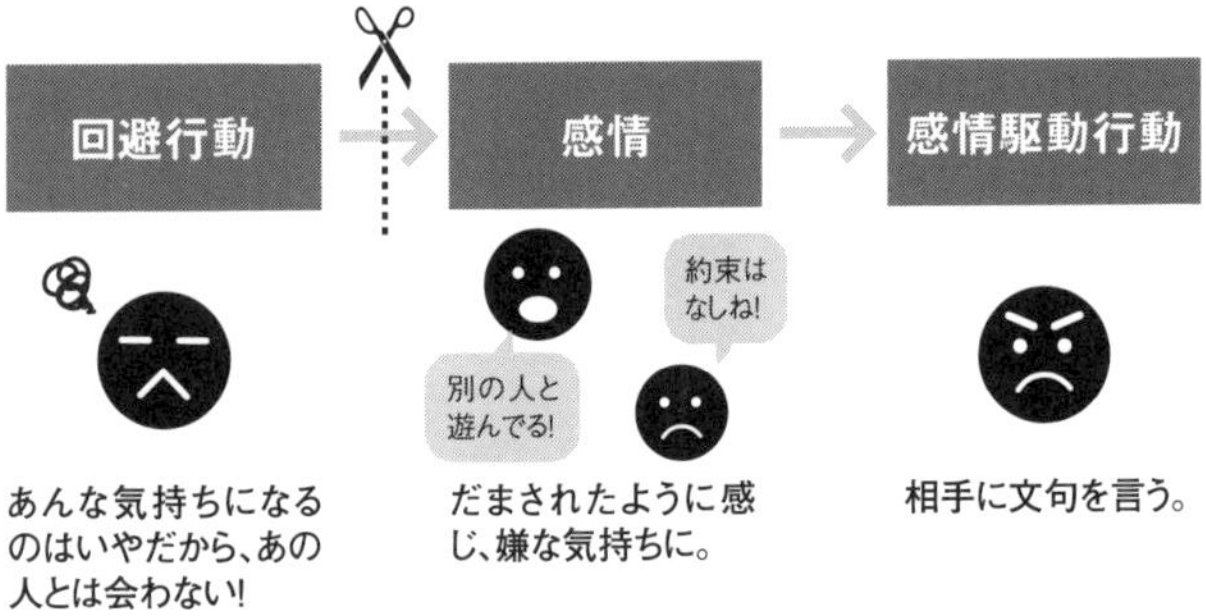

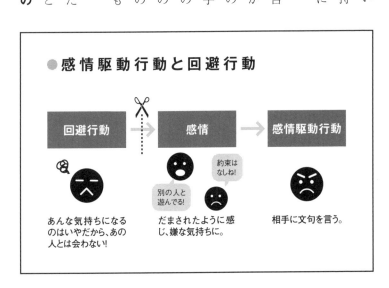

行動は回避行動と呼ばれます。

「あそこに行くと怖いことがありそうだから避ける」というのも、怖い気持ちにならないために自然なことです。ただ、例えば梨香さんが、「出向先での人間関係が不安だから出社しない」とすると、回避が強すぎて困った状況に陥ってしまいます。このように行動も、考えと同様に極端すぎる形でワンパターンに固定化してしまうと問題から離れられなくなるのです。

「嫌なことがあっても笑って受け入れてしまい、後悔する」「嫌なことがあると甘いものを食べすぎてしまう」「感情が高ぶると相手に攻撃的な態度をとってしまう」など、「改善したい行動」がある場合には、その行動が感情駆動行動か回避行動なのか、そしてその代わりとなる適切な行動があるのか検討し、いつもと違う行動をとる練習をするのです。

⇩「考える」より「動いてみる」

「下手な考え休むに似たり」の言葉通り、テーマや事柄によっては考え方を検討するより先に行動を取り扱った方がスムーズに進むことも少なくありません。

例えば、新入社員の頃、会社にかかってくる電話を取ったり、得意先に電話したりするのが苦手だったという人も、実際にかけてみると思ったより楽だし、話も早く通じてメールより便利だったなどという経験はありませんか？

実際に、新しい体験や行動の後に、新しい受け止め方（考え方）ができるようになるものです。梨香さんにしても、「人に何かを依頼する」練習をしようとする時に、「完全に断られないという保証があったら」「断られてショックを受けないようになったら」実行する、というのでは、永遠に「依頼」はできるようになりません。チャレンジは、必ずしも成功体験につながるとは言い切れないのですが、あらかじめ計画を立てて、できるだけ安全に一歩ずつ進めるのです。

行動によって得られた新しい見方は、わざわざ自分に言い聞かせるまでもなく、非常に強い説得力を持つものです。

Ｐａｒｔ２の１３２頁で新しい考えを探す方法について紹介しましたが、それらに加えて、「新しい行動によって新しい考えを探す」のも非常に取り組みやすい方法と言えます。

認知行動療法では、行動計画を「実験してみる」という姿勢で進めます。つまり「この行動がいいからやる」のではなく、「こんな行動をしてみたら、どんな感じがするんだろう、どんな結果になるんだろう、どんな発想が浮かぶんだろう」を確かめるために、一定の期間、実験的に行動に取り組んでみるのです。「試しに取り組んでみる」くらいの力加減で始めることをおすすめします。

行動のタイプとパターン 02

⇩行動の3タイプとは

ここまで、行動について「感情とのつながり」という視点から解説してきました。ここでは、行動自体の機能のタイプ、つまり行動が課題に直面した後の対処の方向、という視点から説明をします。

行動は、表のように3つのタイプに分けられます。

①解決志向
②回避志向
③ガマン志向

表を見るとわかるように、どのタイプにもメリット、デメリットがあります。

実際には、人はこれら3つのタイプを適宜組み合わせ、バランスを保ちながら活動しています。いずれかひとつの行動に限定してしまうと、次第にそのデメリットが増していくことになりがちなので、注意が必要です。

例えば、梨香さんが仕事でミスをしてしまった時のことを考えてみます。

まず、ミスを上司に注意されました。自己嫌悪に陥りながらも、すぐにしなければなら

●行動の3タイプ

	例（仕事のミスで叱られた梨香さんの場合）	メリット	デメリット
解決志向	②ミスの原因を調べて対処する ⑤よい対策に着手	・問題が解決に向かう	・頑張らないといけない ・解決行動に自分を追い込み、その行動の障害となること、人を責めて排除しようとする
回避志向	③次の対処を、期限が来るまで進めない ④他のことをする	・一時的でも楽になる ・一歩引くことで問題状況を客観的に見られる	・問題が維持される ・後悔する
ガマン志向	①注意に耐えて受け止める ⑥取り組みを維持する	・過敏すぎる反応をしない ・自分で選んだガマンの場合には耐える力が付く	・やらされ感のあるガマンの場合には心身の負荷が増大する

ないことに着手します（①②ガマンから課題解決行動）。その後、次の対策に取り組もうとしますが、少し時間的猶予があるからか手が付きません（③回避行動）。しかし、その間はエネルギーを貯めながら心のダメージを回復し、少し客観的にその状況を振り返ることができ、よりよい対策も思いつきました（④回避の中での客観性の増大）。そして、次の期限も迫り、改良した対策に着手できたのです（⑤耐性を高めながらの課題解決行動）。

困った時こそ、しっかりと問題に向き合い取り組むべきだ、と考える人もいます。ただ、ひたすらそれを追求するだけでは人に無理をさせることになり、摩擦が増してギクシャクしてしまったり、自分を追い詰めて、行き詰まりがちです。

ガマンも一緒に耐えている人がいる、という時には耐える力は増すものです。また、適度な回避も前向きに利用するのです。回避には、お酒、友人や異性との交流、買い物他、さまざまなものがあるでしょう。

人によって、どのような行動を取る傾向があるのか、それはクセや習慣として身についています。そのクセを確認していくことで、バランスをとる能力は高まっていきます。

ワンパターンは新しいチャレンジや気づきを妨げる！

Part2で、激しい感情は思考を硬化させることがある、と述べました（128頁）が、行動についても同様のことが言えます。例えば悲しくなった時には、いつも家に帰って大食いしてしまう、そして、自分が悪いと考えるという人がいます。一方で、怒った時には、相手をぎゃふんと言わせないと気が済まないので、いつもやり過ぎというほどに攻撃してしまう、という人もいます。前者は回避行動、後者は問題解決の行動であり、どちらも硬直化して柔軟さに欠けています。そのようなパターンにはまっているにもかかわらず、そこからなかなか抜けられない、という人は少なくありません。

感情にとらわれた行動は選択肢が限られてしまい、ワンパターン化しがちなのです。固定化された行動は、新しい状況や取り組みへのチャレンジ、さらには、新しい気づきや学びまで妨げて、自然な感情の変化を止めてしまいます。つまり、悪循環を加速させてしまうのです。

スポーツ選手が、スランプに陥った時なども、そのような状態にあると言えるでしょう。出向先での梨香さんもそうでした。元に戻そうと頑張って空回りし、元の状態も現在の状態も、そしてついには自分自身もわからなくなってしまいます。そんな心の落し穴に落ちてしまいそうな時こそ、客観的にセルフ・モニタリングをして状態を確認し、現実的な調整に着手したいものです。

行動を変えるための3ステップ 03

⇩「別の行動」を事前に準備する

これまで、行動について感情との関係、対処の結果との関係という視点から説明してきました。このように、行動を客観的に観察する目を養うことで、よりバランスのとれた行動を促しやすくなります。この項では、具体的にどう行動を変えていくかを説明していきます。それは大きく次の3ステップにまとめられます。

じつは、すでにみなさんが学んだ目標作り（78頁〜）や、認知再構成法の項（132頁〜）でも似たような検討をしてきています。

①「改善したい」と思っている行動を書き出す
②①に優先順位を付ける
③−ⓐスモールステップで行動の選択肢を広げる
③−ⓑ感情が強くなった時の選択肢を広げる

⇩①「改善したい」と思っている行動を書き出す

まず、「改善したい」と思っている行動を書き出してみます。この時、これは変えられない、性格だから仕方がないなどと書くのをためらうようなことも、できるだけ臆せずに書いてみることが大切です。なかには、「頭の中で今まで散々考えてきているから……」と考えて、このステップを飛ばして、ダイレクトに別の行動を試そうとする人もいます。ただ、このような手順をていねいに踏んでいくと、行き詰まった時に振り返りやすかったり、さらに別の選択肢に進みやすくなったりします。

さて、梨香さんも、「改善したい」ことはたくさんあるようです。

> 実家の親達に関する夢を見てしまうこと
> 結婚していないこと
> 親が結婚をうるさく言ってくること
> いろいろな考え方のクセにとらわれること
> 自信がないこと
> いつも体が思い通りに元気ではないこと

出向をしたこと
注意を受けないような仕事の提案が必ずしもできていないこと
メールの内容を考えるのに時間がかかること
仕事で無理だと思うことがあっても、周囲に伝えられない
など

⇩②「改善したいこと」に優先順位を付ける

まず、これらを見て、漠然としているところを少し整理します。例えば、「いつも体が思い通りに元気ではないこと」であれば「睡眠をしっかりとる→早く寝る→夜の時間の過ごし方を検討する」などと、より具体的にブレークダウンすることができます。考え方のクセにとらわれることも、睡眠を不安定にさせる要因のひとつとしてあげられるかもしれません。このように、具体的な項目に落とし込んでいくのです。

その上でそのリストを見てみると、いくつかに分けられるようです。

まず、自分でできることと、人や外部の環境に関すること、というグループに分けられます。

「結婚していないこと」は自分のことですが、結婚について意見してくるのは親なので、人のことです。

行動として取り組めるのは、自分でできることだけです。メール作成の時間を短くすることは自分の行動検討の対象ですが、夢は内面のことであり、直接的には何ともできません。すべての項目を同時に満たすことは難しいので、まずはひとつか2つだけ選ばなくてはなりません。この作業も、優先順位を付ける練習になるのです。

ストーリーの中で梨香さんが選んだ行動は、「自分が無理だと思ったことを伝える」でした。この取り組みについては、次の項で解説します。

「改善したいこと」を分解して、ひとつずつ具体的な対策としてステップを明らかにして、目標に近づけていくのです。そうやって、「何とかしたい」を「何とかできるかも」「やりたい」と感じられる目標に変えるのです。

⇩ ③－ⓐ スモールステップで行動の選択肢を広げる

その取り組みを実践したことですべての問題がなくなる、といった「パーフェクトな行動」はありません。よい選択肢があったとしてもその実行が難しかったり、あまりよいと思えない選択肢だけれども実行は比較的簡単であったりと、全方位に向けて「よい」ものなどなかなかないのです。ですから「無駄や失敗があってもいいや」くらいの気持ちで進めることが大切です。

例えば、私の知り合いに剣道具師（防具を作る職人）がいます。各地にコアなファンを持つその道の一流の方ですが、無駄や失敗が自分を成長させてくれたと考え、今でさえ無駄や失敗を大切しているそうです。一流と呼ばれる人ですら、「完璧なものはない」と考え、日々仕事に励んでいることがわかるエピソードです。

梨香さんは、ここまでの取り組みの成果として、自分のことを見つめられるようになってきていました。そして、このパートでは、「自分が〝無理〟な時に、〝無理〟と言えるようになる」を目標に、取り組んでいます。

もともと人からの評価に対しては怖がりなところが多かったので、この取り組みに対しては、かなり勇気がいったことでしょう。そこで、スモールステップで、

1：職場の親しくて安心できる人に、「少し大変だ」とぼやいてみる
2：その人に、少し手伝ってほしいとお願いしてみる
3：1を少しハードルの高い人に伝える

4：2の繰り返し

5：振り返り

と、取り組んだのです。実際に、このような取り組みに際しては、梨香さんにとっての「無理」ということについて事前に十分に検討が必要なこともあります。どのようなことが「無理」なのか、その基準について確認しておくのです。実際に取り組んでみると、どこからが「無理」なのかがわかりにくく、頑張らないことを恐れて頑張りすぎてしまうなど、苦労する人も少なくないからです。梨香さんの場合には、混乱しないように具体的に現在抱えている仕事について、仕分けるように取り組んだのです。

すぐにはたどり着けないとしても、一歩一歩、スモールステップを大切に取り組みを続けていくことで、しっかりと目標に近づくことができるので安心してください。

⇩③－ⓑ　感情が強くなった時の選択肢を広げる

175頁でワンパターン化する行動について説明しましたが、そんな悪循環に陥った時のためにも、事前に行動の選択肢を用意しておきます。怒りや不安などといった感情が高まった時に行動がうまくコントロールできなくなる人も、この練習が有効です。

184頁に、怒りに取り組んだ例を紹介します。

この表のように、感情を0から10の強さで確認し、その時々の今までの普段の行動とその結果、そしてこれから取り組んでみたい別の行動の選択肢を事前に記載しておきます。

このように、自分が取りたい行動を思い出しやすいように工夫することで、選択肢を広げられるようになるのです。

この取り組みは、感情が大きくなった時だけではなく、1日の中で繰り返し自分の怒りの主観的強さを数値化（スケーリング）してチェックを行う、というように、日常の活動の中に取り入れる工夫が必要となります。

●感情のスケーリングチェックの例

感情の主観的強さ	普段の行動	結果	別の行動案
10	何としてでも攻撃する	時にケガをし、ケガをさせ、関係性を壊し、嬉しくない状況に陥る	その場を離れる
8	（脅してでも）こちらの言い分を理解させ、そのように考えることが正しいと思わせようとする	相手は理解を示して引き下がるが、すっきりせず、相手は自分と距離を置こうとする	ちょっと時間が必要だと伝え、「自分の考えが必ずしも正しくないところもあるかもしれないが、よくわからないから少し落ち着いてから確認しよう」と伝える
（最初は省略）			
5	にらみつける。相手の話を何とか聞こうと意識している	お互いの合意点を探せ、次につながることもある	にっこり笑ってみる。思い通りにならないことで怒る自分に気をつけ、自分の想いと相手の想いをそれぞれ並べて、それぞれのよいところを探す
（省略）			
2	相手の発言や行動を軽んじて、「はいはい」とスルー	敏感な人の場合には、少しギクシャクするように感じることもある	相手が悪いのではなく、「自分が怒っているんだ」ということを確認する
1	変わらない	問題なし	
0	なし		

04 人間関係を確認する

自分と人の境界線

人は、人との関係で悩むことが多いものです。

ここでは、人間関係における人の行動について、心理学的な見地から考えてみましょう。

まずはじめに、人と人の間の接点に境界線を想定し、その関係を考えてみます。

一例として、「Yes／No」を言えるか、それを相手に言われた時に受け止められるかを整理したのが、186頁の表です。

「No」は、「相手と線を引く」ことになりますし、「Yes」は「相手と関わる」ことにつながります。どちらも、人間関係を調整するために大切なスキルです。

ストーリーの中で梨香さんは、無理なことでも引き受けてしまい、断れずにいました。つまり「No」と言えない状態です。たしかに**「No」と言うことは、他者からの侵入を押し返して自分を守ることですが、相手を拒絶することではありません。**相手を不快にすることを恐れすぎずに、うまく断るのは大切なことです。

同様に、相手の「Ｎｏ」を受け止めることも大切なスキルです。こちらがお願いした時に、相手は当然状況次第で「Ｎｏ」と言う可能性があります。「Ｎｏ」と言われることは、自分を否定されたのではないと理解する機会でもありますから、「Ｎｏ」を言われる体験を重ねることも重要です。梨香さんも、業務提出の延長のお願いに、「Ｎｏ」と言われるのではないかと恐れながらも挑戦しました。

時には、相手に「Ｎｏ」と言われてしまうこともあります。そんな場合に「じゃあ、いいよ！」とならずに踏みとどまり、「じゃあ、どうしようか」と調整し合うのも大切なスキルです。

ストーリーでは「Ｙｅｓ」については詳

人間関係の境界線の例

	言える	受け止める
No	断り上手	調整上手
Yes	ほめ上手	もらい上手

しくは触れていませんが、簡単に説明しておきます。

「Ｙｅｓ」を言うことは自ら相手に関心を持っていることを示す行動であり、ほめ上手になることです。ひたすら声を掛けられるのを待つのではなく、自ら能動的に動くのです。

そして最後が、「Ｙｅｓ」をもらった時の対応です。これは、人から関心を示されたり、ほめられたりした時に、それを受け止める、ということです。人から、プレゼントをもらった時、「ありがとう」と喜ぶのがうまい人に対しては、また何かしらあげたくなるものです。自分に差し出された援助の手を、「大丈夫だから……」と拒まずに、ありがたく受け取って活用させてもらう、ということでもあります。このような**もらい上手のスキルを持つと、人間関係を良好に維持しやすくなる**のです。

Column 4

協働的実証主義

認知行動療法では、自分でできることを自分でやる、という側面が強調されることが多いのですが、それは他の人から孤立して援助をもらってはいけない、ということを意味するわけではありません。認知行動療法には、進め方の枠組みを持っていますが、その過程では、それぞれの人に合ったやり方で進めていく部分もあります。つまり、その人ごとに合った感じ方、考え方にフィットしたものを模索しながら取り組みを進めるのです。そこではクライエント（来談者）本人だけでなく、支援の経験と専門的な知識を持つカウンセラーの両者がチームとして一緒に力を合わせることで、より取り組みが促進されるのです。認知行動療法では、このチームのような関係を「協働的実証主義」と呼んでいます。

これから認知行動療法に取り組もうと考えている人は、決して気合いや根性に頼ることなく、身近な人や、時には専門家の援助や応援ももらいながら、一歩を進める勇気を持ち、心に栄養を与えながら取り組みを続けてほしいと思います。

Part 4

問題解決に取り組む

Story 4

消えた「期待」と「モヤモヤ」

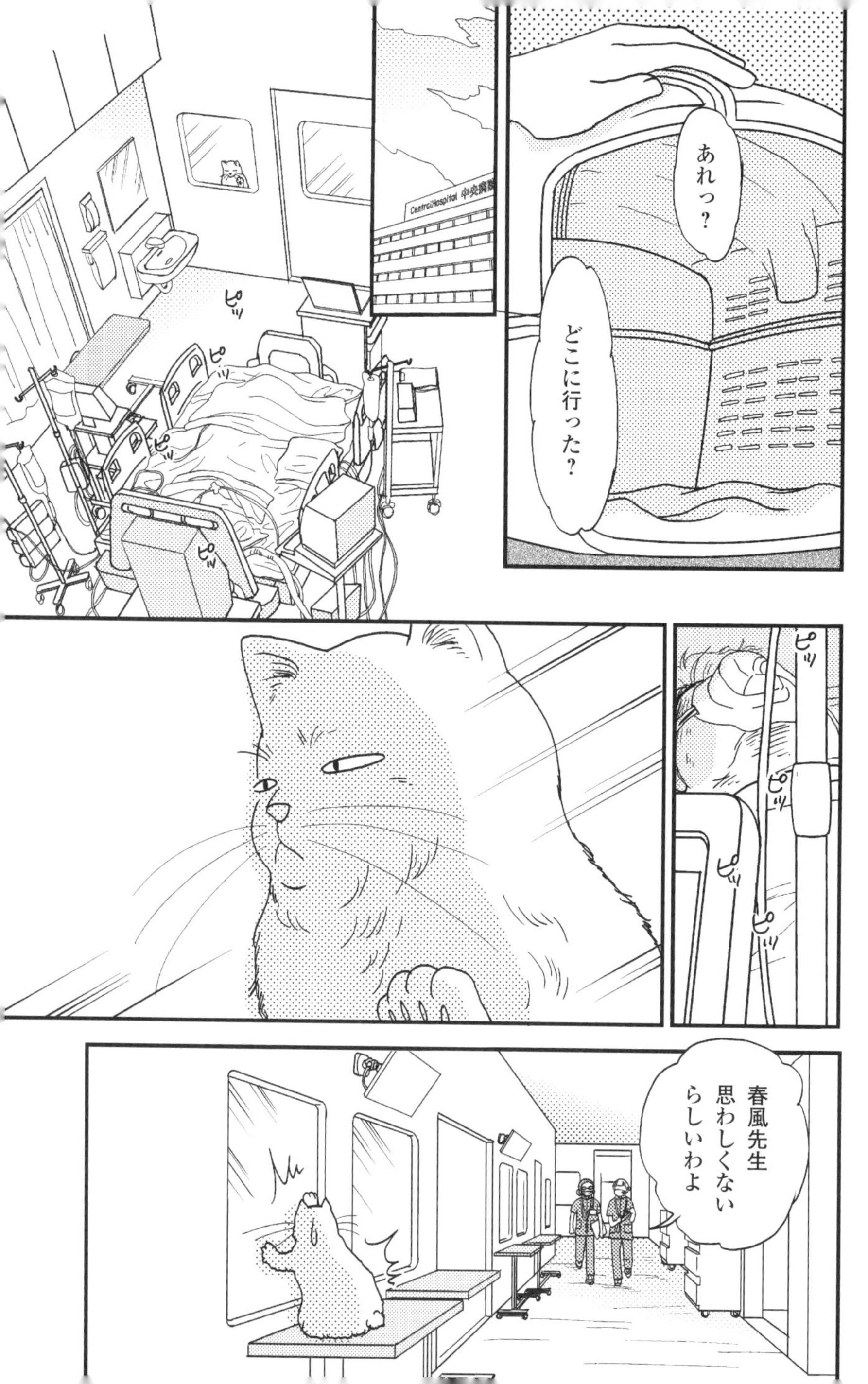

あれっ？
どこに行った？
ピッ
ピッ
ピッ
ピッ
ピッ
ピッ
ピッ
ピッ
春風先生
思わしくない
らしいわよ

そう言えば前に何か大きな目標を達成寸前だって言ってなかったっけ…？
個人的なことって言ってどうしても教えてくれなかったのよ…ね
ねっ猫っ!?
どっから入ったのっ!?
ばい菌がついてるっ
シュッ
シュッ
消毒
ぴゅーーっ
消毒っ!
ハル大将〜
どこに行っちゃったのよぉ〜?
企画の説明をします

…で どうスか？
おー！ ナイスアイデア！！
え〜と…
もう遅いし終わろ
おつかれさまでしたぁー！
夏野さん！
この前のキャンペーンの企画評判よかったよ！
え…
本当ですかっ？
ありがとうございます！
これからもよろしくね！

こんなに満足できた
仕事って
いつ以来だろう
ハル大将の
おかげだ…
いや…
ハル大将じゃなくて
春風浩史さん
だっけ
春風浩史だ
…けど
いったい
いつまで
入れ替わって
いるんだろう…
春風浩史
ハル
……

話聞いてる?
ずいっ
え
あ…
ああ!
もちろん!
きっと
俺の本体の
意識が戻ったら
この身体から
出ていくんじゃ
ないかな?
そっか
お別れするのは
寂しいけど
早く意識が
戻るといいね
早く
本人に会って
ちゃんと
お礼したいわ
う…
うん
おじさんの
イメージ
なんて
言った?
え…
プルルル
プルルル
プルルル
ちょっと
待って

お母さん
プルルル
プルルルル
プルルルル
どうしたの? 出たら?
プルルル…
う… うん…
もしもし 久しぶり
連休…
うん…
そうね 帰れたら 帰るわ
もぐもぐ
ピッ
カタン…
なんて?
今度の連休 時間あれば 帰ってきたらって
いいんじゃないか 気分転換にも なるし
実家って 憂うつなのよね…
え…?

田舎だから東京から帰ると親戚みんな集まって
未だに昔のCMの話をされるし
次はどんなもの作ってるの?
結婚しないの?
いい人は?
みんなの期待に応えていない自分を見せるのが辛くて
結構長い間実家には帰ってないんだ
でも
このままだとずっと帰れないよ?
ドキッ
!

そりゃあ本当はみんなに会いたいけどどうしたらいいのか…
それじゃあこれに記入してごらん
問題解決シート…？
認知行動療法　問題解決
②問題の明確化
困っていること、抱えていることを、書き出すことで明らかにしてみよう
③目標設定
扱う問題を決め、その問題を整理したうえで具体的な目標を設定してみよう
④対処策の案出
創造的に、多面的に、沢山の対処案のアイデアを出し、その上でそれぞれの案のメリット　デメリットを明らかにしてみよう
案
メリット
⑤対処案決定と行動計画
何を、いつまで、どのように、どの程度、どうやるのか、具体的にイメージが湧くほどに計画してみよう
⑥実行
⑦振り返り・評価
実行して、気がついたこと、改善した方が良いことなど、整理して次につなげよう
もやもやしている問題を明確にして
解決策を自分で導き出すんだ
今の君なら昔と違って
自分を冷静に客観的に見ることができるはずだよ

やってみる
認知行動療法　問題解決シート
「心の準備と栄養補給」
問題の明確化
・出向したことを親に言えていない
・親の期待に応えられていない
・自分の時間を楽しめていない
・自分が嫌だと感じることがある
・人の視線を気にしすぎるところがある
目標設定
帰省して、親や親戚からの期待や話に圧倒されたとしても、
「自分の今の状況と、期待に応えられない」ことがあると伝える
案
メリット
④対処策の案出
創造的に、多面的に、沢山の対処案のアイデアを出し、その上でそれぞれの案のメリット・デメリットを明らかにしてみよう
泣いて訴えてみる
相手が耳を貸す
親が期待を押しつけてきていることを責める
自分のせいじゃないと思える
すごくみすぼらしい格好で帰る
相手が先に何か感じてくれる
すごく派手な格好で帰る
普通じゃない状態だと心配してくれる
極端に「今はやばい状況だ」と伝える
相手が共感的に聞いてくれる
感情を殺す
冷静でいられる
親・親戚は「私のことを追い詰めたいわけではない」ことを思い出す
落ち着いて現状を伝えられるかもしれない
⑤対処案決定と行動計画
次の連休に帰省することを事前に伝える。そして、
圧倒されるかもしれないけど、深呼吸して、今までの取組を思い出す。
圧倒されるかもしれないけど、と現状をできるだけ冷静に伝える。
夏野

④対処策の案出
案
うまく泣けないかも
泣いて訴えてみる
相手が耳を貸す
創造的に、多面的に、沢山の対処案のアイデアを出し、の上でそれぞれの案のリット／デメリットをらかにしてみよう
押しつけて
自分のせいじゃないと思える
親のせいだと思えない
相手が先に何か感じてくれる
自分で言葉にできていない
普通じゃない状態だと心配してくれる
自分の趣味じゃない
状況
相手が共感的に聞いてくれる
今後の付き合いが心配
冷静でいられる
抑圧的で、反動がある
私のことを
ないことを思い出す
落ち着いて現状を伝えられるかもしれない
落ち着けないと、思い出せない
次の連休に帰省することを事前に伝える。そして、親戚が集まったところで、圧倒されるかもしれないけど、深呼吸して、今までの取組みを思い出す。「みんな聞いて」と現状をできるだけ冷静に伝える。期待に応えられていないけれど、不安や恐怖も通りすぎることを思い出して、避けてきた親や親戚に向かい合う。
問題解決シートでわかったことは
結局…
正直に今の自分を伝えるしかない
今の感情を言葉で表すなら
不安と…
恐怖
華やかな世界から関連会社に飛ばされてしまったことを伝えると
親を落胆させてしまわないか不安
期待に応えられない自分は存在してはいけないという恐怖…
グッ
ただいまー
ガラララッ
けど…
このままずっと逃げてちゃだめって学んだんだ…!
次はどげな有名なCM作るだぁ?
わちゃ
梨香ちゃんのCMもっと見たい!
結婚は?
あんたぁもうアラサーだろうが
わちゃ
いつになったら子どもを連れてくるだいな?
わちゃ

わー
わー
わー
親せき多すぎ…
あ…相変わらずすごいパワー
心が折れそう…
わー
わー
深呼吸してごらん
ゆっくりこれまでのことを思い出して
付き合うことが大切なんだ
目の前のモヤを少し晴らすことができる
次第になんで不安が出てきているかも
不安
どどん!
ぺきぺき星人
自信満々!!
スモールステップ
もう君はマイナス思考の悪循環から解き放たれているよ

みんな
聞いて
じつは…
関連会社に
飛ばされ
ちゃったんだ
前みたいに
全国で流れるような
CMは作れないの
え…
期待を
裏切っちゃって
ごめんね
お父さん
お母さん
……
……
茶

じつは私
普通のOLなんだ～
ぷっ
私やぁは梨香が元気に仕事してくれとったら
それでいいだけぇ!
普通で十分だ!

ありがとう…！
ハル大将に報告しよ！
ピッ
不安だったけど
大丈夫だった
もっと早く
打ち明ければよかったよ
ピッ
そう　それはよかったね
ピッ
昔の私だったら
絶対に逃げてたけど
ハル大将のおかげで
失敗する怖さがなくなったわ
ピッ
ピッ
だったら
もっといろいろと
挑戦してみたら
え…
挑戦？
ピッ

そっか 前からずっと
ウクレレとか
ボルダリングとか
登山とかやってみたいと
思ってたから挑戦してみるわ
会社と家との決まった
ワンパターンの行動だと
選択肢が増えない
これまでやったことが
ないものに
チャレンジしてみたら？
数日帰るの
ずれちゃうけど大丈夫？
カタ
カタ
カタ
カタ
カタ
カタ
数日分の
餌は用意したから
大丈夫さ
カタ
カチッ
ログアウト
カララ……
春風先生
もう
寝る時間ですよ
パチン

数日後
楽しかったなぁ～
あんなに笑ったのはいつ以来だろう～！

ハル大将
ただいまぁ！
おみやげ
買ってきたよっ
ちょっと聞いて！
ボルダリングって
めっちゃ楽しいよ！
ニャ
ぴしし
何をいまさら
猫の真似
してるのよ？
ニャア
みゃー
え…
元に
戻ってる…？

問題解決のための視点

01

⇩問題解決に取り組む前に

さて、梨香さんは、猫のハルにすすめられた問題解決シートを使って、これまでずっと避けてきた田舎の両親や親戚と向かい合います。このパートでは、梨香さんのように、これまで学んだことを生かして問題解決に向けて取り組む方法を紹介します。

改めてみなさんに思い出してもらいたいのは、認知行動療法の取り組みが、すべてを思い通りにすることでも、正しい考え方や行動を持てるようになることでもないということです。大切なのは、**何かしら自分ができることに取り組むことを通して、気持ちを整えられるようになることです。**

みなさんは、Ｐａｒｔ１、２を読んで、今までと違うものの見方（認知）が、今までと違う気分とつながっていることを学びました。さらに、Ｐａｒｔ３では、新しい行動がさまざまな気づき（感情）をもたらすこと、そして新しい行動の促し方についても理解したことでしょう。

しかし「これをすれば大丈夫」という、いわば鉄板の方法があるわけではありません。まずは、問題解決のさまざまな手法を学ぶ前に、どのような視点で問題解決に取り組めばよいか考えてみましょう

なじみのある事柄を問題解決に活かす

ひょっとすると、みなさんの中には、田舎の親戚と実家の両親と向き合って問題解決の取り組みを進めた梨香さんを見て、「梨香さんは、変な猫の力を借りられて、いいな」と思う人もいるかもしれません。もしも、他人の手を借りる環境にないとしても、「他の力を借りる」方法はありますので、安心してください。それは、自分の得意なことを活用することです。

例えば、仕事で上司や同僚に説明を求められた時に、何も言えなくなってしまうと悩んでいるFさん。彼はテニスが好きだったので、仕事の場面にテニスの試合の感覚を取り入れて状況改善に取り組んでいます。例えば、テニスと同様に自分と相手のどちらもがポイントを取り合うので、いつも自分だけが完璧にポイントを取れることはないこと、そして流れの中で「ここはポイントを落としてはいけない！」という局面が訪れることを意識していきます。そしてうまくいかない時には素振りや打点のチェックに立ち戻る、つまりセル

フ・モニタリングの基本に戻る、というようにさまざまな問題解決のイメージをテニスに当てはめて考えています。

音楽好きなGさんは、感情の激しさに翻弄されてしまうことへの対処のイメージとして、音楽を活用しています。ここは小さい音の流れるところ、次第に大きくなるところ、激しいところ、頑張らないといけないところ、楽しくテンポの速くなるところ……といった具合に、さまざまな音、リズム、テンポ、等と自分の感情の変化をなぞらえて、自分の取り組みを進めやすくしました。

長年、ものづくりの仕事をなりわいとしてきたHさんは、人間関係の改善に向けた取り組みのために、仕事で培ってきた段取りと準備が有効であったと話していました。シミュレーションを十分に行い、まずは安全な関係の中でロールプレイ練習を進めていました。

人によって慣れ親しんだ考えや事柄があります。それらは非常に強力で、うまく利用することで、自分の取り組みをイメージしやすくなり、変化がより自然に定着していくケースも多くあります。

⇩歩きながら考える

取り組みには、準備が大切です。同時に、取り組みが進むにつれて、その取り組み自体も進化していきますから、歩きながら考えることも大切です。行きたい先を思い描き、そこに向かう道を決めて試しに歩み始めるのです。その途中では、寄り道や休憩をして栄養をとり、いろいろな体験を重ねていくのです。

予定したゴールにたどりついた時には、もっと先まで歩いて行きたいと思うこともよくあります。**歩き始める時に描いていたゴールは、さまざまな体験を通して自分が成長していく中で、変化していくのです。**

もちろん、「もっと、もっと」と強迫的になりすぎず、ひと息ついてゴールにたどり着いたことを十分に喜び、次のステップを考えてみてください。

⇩性格も変わる!?

いろいろと改善したいことはあっても、これは性格だから変わらない、と考えてしまうこともあるかもしれません。私のもとへも「性格を変えたい」と相談に訪れる人がいます。

では性格とはいったい何でしょう?

人は、先天的な気質を持って生まれており、それは不変だと言われます。その気質を軸に、さまざま経験や、それら経験から得た価値観などによって、行動や意欲などの傾向が生じてくると言われており、それをまとめて性格と呼ぶことが多いのです。つまり、**気質的なところは変わらないものの、その先の価値観（考え）、行動などは調整可能だと**

いうことです。したがって、感情に振り回されなくなることもできるのです。

例えば、怒りっぽくて、怒る度に暴発していた人が、一切怒らなくなるわけではないものの怒りに振り回されなくなったり、嫌なことがあるとすぐに引きこもっていた人が別の対処スタイルを身に付けて、嫌なことがあっても活動を続けられるようになるということです。

いつの間にか身に付け自然に選んでいる考えや行動について、すぐに別の選択ができるようになるということは、もとの考えや行動の影響は少なくなっている、ということになります。**個人の性格には、自動思考やその土台となる思い込みや、行動などという習慣と重なるところも多く、性格すらもある程度は変わりうると言えます。**

⇩自分自身への深い変化に進む

主人公の梨香さんは、とても頑張り屋さんです。成功体験も持っています。そのように積み重ねてきた体験を軸に、肯定的な自己イメージを持つ人もいますが、梨香さんの場合には、親や人の期待に応えないといけないと思う余り、その体験を必ずしも肯定的に感じたり、振り返ったりできていませんでした。そのことは、梨香さんを深いところで縛っていました。

しかし、梨香さんは、苦しみに直面したために、意識的にその問題に直面し、解決に向けた取り組みに着手したのです。そして、その成果として、「人のことと同様に、自分のことも大切にしていい」と実感し、その新しい考えに基づいて行動が広がっていきましたね。梨香さんの新しい考えは、深いレベルの自己イメージも自然に変化させます。

このように、認知行動療法は、思考の表層レベル（自動思考）から、ルール、中核信念（スキーマ）という深いレベルまでの変化を扱います。当然、深いレベルの変化は、時間もかかりますし、簡単ではありません。

梨香さんの取り組みを振り返ってみると、最初は「上司は私のことが嫌いなんだ」といった自動思考から始め、次には、「人の期待には（自分の思いをさておいても）応える」というルールに取り組んでいきました。そしてそれらの取り組みは、ストーリーでは明確には表現されてはいませんが、「（人の期待に応えられない自分は）存在する価値がない」という中核信念（スキーマ）への取り組みへとつながり、やがて、「人は自分のことを大切に感じてくれていて、自分でも自分のことを大切に感じることは大切なこと」というように一定の変化を生じさせられたのです。

02 問題解決に取り組む

問題解決のためにどんな方法が適しているかは人によってさまざまです。

似た体験をしている人から話を聞いて情報を収集する人もいれば、緻密に計画を立てる人もいたり、誰かに話を聞いてもらったり、さまざまな対処行動を組み合わせて動く人もいるはずです。ここでは、認知行動療法で採用している、ひとつの方法を紹介します。

⇩問題解決の流れ

まず、215頁のシートを見ながら、1～7の問題解決の流れを概観してみましょう。

1.～3. 準備から目標設定まで　①心の準備と栄養補給、②問題の明確化、③目標設定

4. 対処案の案出

5. 対処案決定と行動計画

6. 実行

7. 振り返り・評価

●問題解決シート

年　月　日　氏名

問題解決シート

①準備「心の準備と栄養補給」			
②問題の明確化 困っていること、抱えていることを、書き出すことで明らかにしてみよう			
③目標設定 扱う問題を決め、その問題を整理したうえで具体的な目標を設定してみよう			
④対処策の案出 創造的に、多面的に、たくさんの対処案のアイデアを出し、その上でそれぞれの案のメリット／デメリットを明らかにしてみよう	**案**	**メリット**	**デメリット**
⑤対処案決定と行動計画 何を、いつまで、どのように、どの程度、どうやるのか、具体的にイメージが湧くほどに計画してみよう			
⑥実行			
⑦振り返り・評価 実行して、気がついたこと、改善した方がよいことなど、整理して次につなげよう			

⇩1.～3.準備から目標設定まで

まず、自分の取り組みに向けた気持ちを確認してください。問題解決に取り組むにあたって、やはりエネルギーは必要です。その問題を明らかにする最初のステップ②では、感情的になりすぎたり、考え方のクセにとらわれたりしないように、改善したいことは何なのか、その事柄を正確に確認したいものです。

問題を目標に置き換えるステップ③では、現実的で具体的な目標設定が必要です。その問題が解決されたらどのように時間を過ごすことになるのか、何をしなくなるのか、どのような気分でいることが増えると予想され、望ましい行動が活性化しているのか、確認しながら作っていくのです。78頁の目標設定の項も参考にしてください。

⇩4.対処案の案出

問題解決に向けた対処案は、現実的かどうかにかかわらず、自由な発想で考えてみてください。「これは無理かな」といった判断は先送りして、テーマの表からも裏からも多面的に考えてみます。できるだけ創造的に、数多く案を出してみましょう。どの対処案にもメリットとデメリットが伴います。よいところだけ見たい気持ちになるものですが、それだと取り組みが進んだところで行き詰まることも多いのです。現実的かつ批判的な視点も加味しながら、客観的に評価してください。重要度などの得点をつけると、より明確にすることもできます。そして、複数の対処案の中から、取り組む対処案を決定します（ステップ④）。このようなステップは急がずていねいに取り組むと、具体的な解決へと近づいていくことが多いものです。

⇩5．対処案決定と行動計画

実際の目標と、それに向けた対処案が定まってきたら、それを実際の日常の中で、いつから、どのように取り組むのか計画します。当然、その対処案のデメリットへの対策も考えておきます。さまざまな考え方のクセや思い込み、Ｐａｒｔ３の境界線（１８５頁）など、今まで学んできたことも総動員することが必要になるでしょう。構築した計画に取り組んでいる自分のイメージがはっきりと想像できるぐらい具体的になるよう、ていねいに進めたいところです。

⇩6．7．実行と振り返り・評価

実行の直前に、改めてこの取り組みによって何が変わるのかを再確認して、気持ちを奮い立たせることも有効です。結果を確認して、その効果を確認しましょう。すぐに確認できる効果や結果もあれば、一定期間たつことでようやく確認できる効果や結果もあります。うまくいっていないところは改良しながら、課題の解決に向けて取り組みを進めましょう。このように、問題解決は具体的な方法を伴った練習でもあるのです。

梨香さんが作った問題解決シートを見てください。

さまざまな問題があっても、まずはひとつずつです。梨香さんは、回避し続けていた「期待に応えないといけない」という親や親戚への思いに向き合おうと計画し、取り組みました。

会社の中で周りの人の「期待に応えようとする」姿勢が、昔からの家族との関係で築かれてきたという一番大きな課題に向き合って対処できたのです。

これは、簡単なことではなく、今までの総決算とも言える取り組みだったはずです。この取り組みの後、梨香さんが自分のしたいことを優先して取り組めるようになったことも、梨香さんの内面の変化を教えてくれるものです。このように、変化を定着させるように、取り組みを続けていくのです。

●問題解決シートの記入例

年　月　日　氏名　梨香

問題解決シート

<table>
<tr><td colspan="4">①準備「心の準備と栄養補給」</td></tr>
<tr><td>②問題の明確化
困っていること、抱えていることを、書き出すことで明らかにしてみよう</td><td colspan="3">・出向したことを親に言えていないこと
・親の期待に応えられていないこと
・自分の時間を楽しめていないこと
・自分が嫌だと感じることがあること
・人の視線を気にしすぎるところがあること</td></tr>
<tr><td>③目標設定
扱う問題を決め、その問題を整理したうえで具体的な目標を設定してみよう</td><td colspan="3">帰省して、親や親戚からの期待や話に圧倒されたとしても、
自分の今の状況と、期待に応えられないことがあることを伝える。</td></tr>
<tr><td rowspan="10">④対処策の案出
創造的に、多面的に、沢山の対処案のアイデアを出し、その上でそれぞれの案のメリット／デメリットを明らかにしてみよう</td><td>案</td><td>メリット</td><td>デメリット</td></tr>
<tr><td>泣いて訴えてみる</td><td>相手が耳を貸す</td><td>うまく泣けるかわからない</td></tr>
<tr><td>期待を押し付けてきていることを責める</td><td>自分のせいじゃないと思える</td><td>親のせいだと思えない</td></tr>
<tr><td>すごくみすぼらしい格好で帰る</td><td>相手が先に何か感じてくれる</td><td>自分で言葉にできていない</td></tr>
<tr><td>すごく派手な格好で帰る</td><td>普通じゃない状態だと心配してくれる</td><td>趣味じゃない</td></tr>
<tr><td>極端に「今はやばい状況だ」と伝える</td><td>相手が共感的に聞いてくれる</td><td>今後の付き合いが心配</td></tr>
<tr><td>感情を殺す</td><td>冷静でいられる</td><td>抑圧的で、反動がある</td></tr>
<tr><td>親・親戚は「私のことを追い詰めたいわけではない」ことを思い出す</td><td>落ち着いて現状を伝えられるかもしれない</td><td>落ち着けないと思い出せない</td></tr>
<tr><td></td><td></td><td></td></tr>
<tr><td></td><td></td><td></td></tr>
<tr><td>⑤対処案決定と行動計画
何を、いつまで、どのように、どの程度、どうやるのか、具体的にイメージが湧くほどに計画してみよう</td><td colspan="3">次の連休に、実家に帰ることを事前に伝える。
そして、親戚が集まったところで、圧倒されるかもしれないけれども、
深呼吸して、今までの取り組みを思い出す。
「みんな聞いて」と現状をできるだけ冷静に伝える。
期待に応えられていないけれど不安や恐怖も通り過ぎることを思い出し、
避けてきた親や親戚に向かい合う。</td></tr>
<tr><td colspan="4">⑥実行</td></tr>
<tr><td>⑦振り返り・評価
実行して、気がついたこと、改善した方が良いことなど、整理して次につなげよう</td><td colspan="3">親や親戚は、「元気で仕事をしてくれていたら、それだけでいいだけぇ」
と言ってくれた。
期待に応えられない「不安」も、「期待に応えられない自分は否定されるに違いない」という考えも、自分の思い込みだった。
そのように考える原因となる関係性はあるけど、
これからはより自由な関係を築けていけそう。</td></tr>
</table>

03 苦手なものに挑戦する

ここまでみなさんには、どうやって考えや行動を調整し、さらにどう問題解決に取り組むかを読んできてもらいました。ここでは、これまでとは逆に、あえて苦手なことに向き合う技法、**暴露反応妨害法**を取り上げます。ここまで説明してきたものとはアプローチが異なりますが、非常に重要な技法です。

この取り組みでは、今まで身に付けてきたさまざまな対処法を横に置いて、あまり体験したくない気分や状況に自分を直面させるのです。ここまで一生懸命取り組んできた人にとっては、頑張って身に付けた対処法を一時的にせよ手放すなんてあり得ない、と思うかもしれません。不安を感じる人もいることでしょう。だからこそ、ここであえてこの技法を紹介したいのです。なぜなら、そのままでは逆に身に付けた対処法にとらわれて、それがないといられない状態になってしまうからです。

⇩暴露反応妨害法

苦手な人やものにチャレンジする、苦手な上司、不安や恐怖といった感情などにぶつかっていく、これを**暴露（エクスポージャー）**と呼びます。避けて通りたい人やものに意図的に自分をさらすのです。通常は、避けたいものに出会った時、人は逃げ出したり、小さくなってやり過ごしたり、戦うなどと、対象によって固定化された対処行動を取りがちなのですが、その反応をしないようにするのです。そのことを反応妨害法と呼びます。

つまり、**暴露反応妨害法とは、苦手なことにチャレンジするだけでなく、ワンパターンな反応に陥ることなく、別の行動を取れるように別の選択肢を準備した上で実行するのです。**場合によっては、「自分が身に付けてきたさまざまな対処スキルを一旦横に置いて、それらの対処法がなくても何とかなることを体験してみよう」と乱暴に聞こえることでもあります。それぐらい、決して簡単ではないことなのです。だからこそ、本書でも後半のパートで紹介しています。

⇩カエル恐怖を発展させる

例えば、少し唐突ですが、梨香さんがカエルが苦手だとしましょう。苦手ですから、梨香さんの手にカエルを乗せると、パニックになり大暴れ、ということになります。梨香さんが、このカエル恐怖を克服するために暴露反応妨害法に取り組むとします。まずは少しずつカエルに近づき、カエルを棒でつついてみます。次は実際に、自分の指でつんつんとつついてもらいます。そのようなステップを計画的に繰り返すことで慣れて、「カエルに触っても気持ちよくないかもしれないけど、危険でもないし、問題でもない」ことを理解してもらいます。さらに手の上に一定時間、カエルを乗せても大暴れせずに過ごせるようになることを目指すのです。もちろん、その時にどこかをつねって痛みでごまかすとか、目をつぶって手の上にいるのは精巧なおもちゃだと考えるなど、本物のカエルから目をそらすのはＮＧです。

この例は、カエルの克服でもありますが、（カエルに対する）恐怖という感情の克服とも見ることができます。恐怖の感情が出ても、その感情は通り過ぎるから恐慌状態にならなくても大丈夫だし、必要以上にその感情を恐れる必要もないということを、体験的に学ぶことでもあります。

このように、梨香さんの例で言うところのカエルや恐怖感情を、他のものに置き換えるのです。苦手だけど会話をしないといけない上司、怒りや不安、はたまた抑うつといった感情、ドキドキする身体感覚、「自分はダメだ」等という考えに対しても取り組みは行われます。必要なテーマに沿って、苦手感を克服することで、好きにならずとも、それがあっても「なんとかなる」「まぁいっか」、となることを目指すのです。

⇩スモールステップ

Ｐａｒｔ３で、梨香さんは「人にお願いする」ことをスモールステップにしてチャレンジしました。そこでは行動の選択肢を広げることが目的でしたが、前節のカエル恐怖の克服と比較してみると、重なる部分も多分にあります。目標に向けたステップを大きなものにして、激しく自分を追い込んでしまうと、チャレンジの失敗につながります。少しずつ、それも繰り返し同じことをするのです。そして次のステップにいくのは不安だけど、50％ぐらいは何とかなるのではないか、と思えるあたりでステップアップしながら進めれるとよいでしょう。取り組みの最初は、不安の小さいところから始めます。また、難しいテーマへの取り組みは、第三者や専門家の力を借りることも検討してみてください。震災などで有名になったＰＴＳＤ（心的外傷後ストレス障害）の治療などでは、実際に取り組むことで本当に危険な状況に陥ることがないように、現実的な暴露ではなく、想像上の暴露を計画するものもあります。

スモールステップの作成として、

・何を達成したいか（目標作り）

・今まで何がその達成を妨げ、遠ざけてきているか（反応妨害の対象となる）
・今の状態から、その目標にたどり着くまでの間に、できていくであろうことを書き出してリストにする。
・リストに対して、大変そうだという苦痛または主観的な感情のレベル（SUDs）を0から100で数値化（スケーリング）し、並べ直す。
・並べ直したリストを整理して、スモールステップを作る。
・主観的な感情レベルが低いものからチャレンジしてSUDsが20以下になるまで繰り返しチャレンジし続ける。
・次のステップに進み、繰り返す。

といった流れで進めてもよいでしょう。

偶然に体験するような、自然発生的な暴露もあります。例えば、自分の現状を人に伝えることを恐れている人が、上司から突然、「現状報告して」などと言われることもそれに当たります。ただ、そのような偶発的なことは失敗体験となることが多く、暴露訓練にはなりにくいものです。そのように、時折自然に体験することを計画に落とし込む場合、①取り組んでいる時一緒にいて支援してくれる人は誰か、②どのような行動を計画するか、

③いつ、どのタイミングで実行するか、④どこで実行するか、⑤どれぐらいの時間、実行を続けるか、などを変化させることで、主観的な感情のレベル（SUDs）も変化するので、それらを参考に計画を作っていくこともできます。左にその例を示してみます。

【職場で不安になっても現実的に行動を維持するための課題例】

・上司に現状報告をする（毎日）　SUDs 80
・同僚と現状共有（毎日）　SUDs 60
・上司に現状報告をする（週2以上）　SUDs 70
・同僚と現状共有（週2以上）　SUDs 50

⇩取り組みから学べること

チャレンジは、いろいろなことを教えてくれます。取り組みに慣れていくにしたがって、チャレンジ中に主観的な感情のレベル（SUDs）が高い中でも、自分の状態を客観的に確認する力、つまりセルフモニタリングの力もついていきます。そのような取り組みによって、思い込みやルールから開放され、新しいものの見方を手に入れることができるようになり、自分の強さ、弱さに対する自己イメージや実際の力も変化していきます。

暴露課題のチャレンジが進んでいくと、上司から急に何か言われるなどの、偶然の暴露体験に対しても、「ここもチャレンジできるポイントになるな」といった、今までとは違った意識を持てるようになるのです。

つまり、逆説的ではありますが、今まで自分を守ってくれたものや、頑張って身に付けた対処法——例えば薬や呼吸法、「私はひとりじゃない」といった考えや無理なことを断るという行動など——を一旦横に置いて手放すことで、より自然にその対処法を自分になじませられることもあるのです。「まぁいっか」「なんとかなる」という柔軟性が身に付くと考えてください。

ある人の例です。電車に乗ると不安でドキドキして、長く電車に乗れなくなり、電車に限らず、コンサート会場や映画館、果ては会議室といった閉じた空間など、さまざまな場所が苦手になり、社会生活に困難を感じてしまっていた人がいました。その人が、専門家の力も借りながら認知行動療法に取り組み、最後には暴露反応妨害法に取り組み、ひとりで行動することができるようになっていったのです。

ところがある時、気がついたらエレベーターに乗ってしまって、それを意識した瞬間から急にドキドキが始まってしまったのです。ところがその時、「よし、ここも予定外だけどエクスポージャー（暴露）だ」と考え直してその状況をやり過ごし、クリアできたそうです。

このような取り組みは、人は何歳になっても学習でき、変化を作り出せることを示しています。

Column 5

人間関係は育てるもの

残念なことですが、人間関係は、いつも心地よいものとなるわけではありません。時に人に傷つけられることもあります。傷つくことを恐れ人間関係を持つことを避けてしまうこともあるかもしれません。ただその寂しさを何かで埋めようとしつつも、埋まらないことをうっすらと感じるものなのです。また、人間関係で傷ついた時は、わかってくれる人の存在、つまり人間関係によって、癒されることも多いものです。

すべての人間関係が、安全なものではないでしょう。実際に、本当に心の底から信頼でき、心を許せるという人間関係は、人生の中でもたくさんはありません。そのような関係は、ケンカしても、仲直りのできる関係とも言えるでしょう。片方だけが我慢したり、一方的にサービスしたりするものでもないはずです。

人間関係は、植物を育てるようにていねいに世話をしないと育ってくれません。最初は一方通行でも、お互いに育てあおう、と思える人間関係を増やしたいですね。

ゆっくり
これまでのことを
思い出して
どどん！
付き合うことが
大切なんだ
もう君は
マイナス思考の
悪循環から
解き放たれているよ
次第になんで不安が
出てきているかも
スモール
ステップ？

春風先生
復帰おめでとう
ございます！
待ってました！
パチパチ
パチパチ
パチパチ
Epilogue
いなくなった
「おしゃべり猫」
奇跡の復活
おめでとう
ございます！
危なかったんですよ
俺も
もうダメかと
思ったよ
ばい菌って
追いかけられたし
え？
ばい菌…？
そういえば
事故の前
目標がようやく
達成するとか
言ってましたよね
あれって
何だったんですか？
ああ
そのことなら
じつは…

もう
達成したんだ
もふ～♡
最近暖かく
なってきたね
とっ…
すり…
ハル大将
どこ行くのっ!?
え

ハル大将が人になつくなんて珍しい…
知り合い?
すみませんありがとうございます
散歩の時はハーネスを使うべきかな
よいしょっ
くすっ
ふみゃ
べきべき星人発見!
ふふ
え

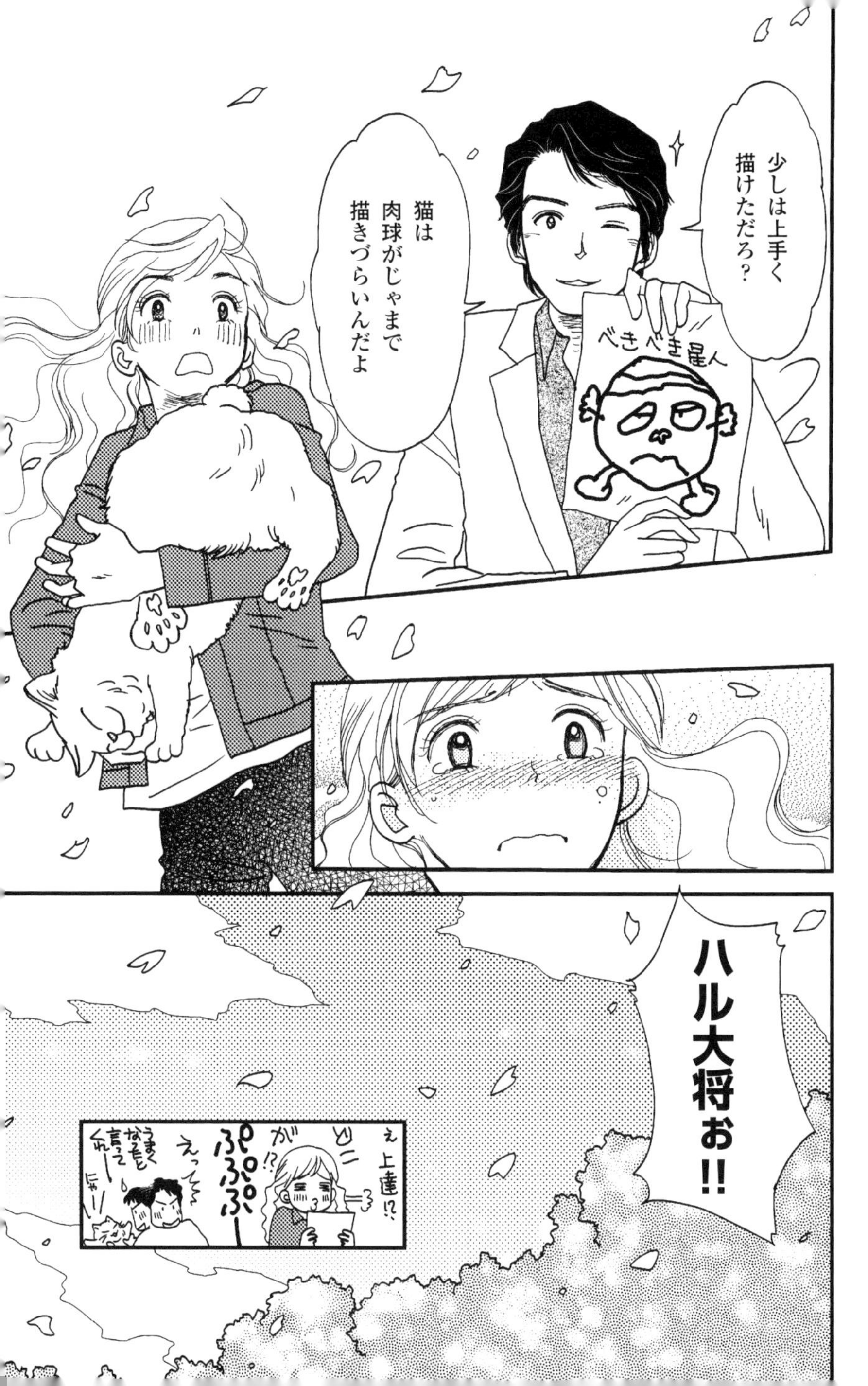
少しは上手く
描けただろ?
べきべき星人
猫は
肉球がじゃまで
描きづらいんだよ
ハル大将お!!
え 上達!?
どこ
が!?
ぷぷぷぷー
えっ
うまくなったと言ってくれー
にゃー!

おわりに

ここまでお読みになって、認知行動療法について、みなさんの中にはどのような感想や実感が生まれたでしょうか?

人は、問題を見つめ、その解決に向けてできることがあると感じて取り組んでいる間は、頑張れるものです。ゆっくりとでもかまいません。日々の生活の中で役立てられるように、ていねいに取り組みを続けてみてください。取り組みを進める中で「進んでいく感じ」が育っていくことで、自分でできることが広がっていく実感が生まれていくでしょう。

より理解を深めたい方は、より多くの書籍に触れたり、実際のワークショップを受けたり、学習会に参加したり、カウンセリングを体験的に受けてみたりするなど、さまざまな方法があります。ぜひ、この世界の面白さ、広がりを体感してみてください。認知行動療法に取り組むことは、自分のことや問題を「わかる」ことに役立ちますが、それを支えの一つとして「できる」ように身につけていくことにつながります。

多くの方は苦しい課題を克服するために、認知行動療法に着手することが多いと思います。その結果として、認知行動療法＝問題解決という認識が固定されてしまうことも多々あります。すると、せっかく学んだにもかかわらず、問題がある時以外はその方法を活かす、という発想が浮かばなくなります。これはじつは非常にもったいないことでもあります。認知行動療法で学んだ手法は、問題解決の場面に限らず、よりよいバランスを持った生活をするためにも、十分に活かせるものです。

認知行動療法は、最終的には「自分が自分の治療者になる」ことを目指して取り組むために、進め方と技法がパッケージ化されています。説明を聞いている間は簡単にできそうだと思っても、実際に取り組んでみると思いのほか難しいという声を耳にすることもあります。その理由のひとつには、自分のさまざまなクセに気がついたとしても、そのクセ自体に対して否定的になり、さらにそのクセを持っている自分を否定したくなってしまう、という点が挙げられます。先述のように、「わかる」だけでなく「できる」ようになるためにステップを踏むのです。したがって、何でもひとりで抱え込まず、ポイントとなるところだけでも、専門家の支援を得ると役に立つことでしょう。

さて、最後に、本編では詳しく紹介しなかった認知行動療法の生い立ちの部分も、少しお話しておきましょう。

1950年代までは、心理療法と言えば、S・フロイトが創始した精神分析が主なものでした。来談者中心療法を主唱したC・ロジャースも、交流分析を始めたE・バーンも、ゲシュタルト療法のF・パールズもみな、精神分析を勉強したのです。もちろん、認知療法の創始者であるアーロン・ベックも同様です。

精神分析は、無意識が洞察されていく中で深く変化が生じ、その変化が意識レベルにまで及び、さらにその人全体にその影響が及び、問題解決が進むという、医学の得意とする原因解明というスタイルをとっているとも言えます。ベックも同様にその取り組みを続けました。しかしその中で、どうしても問題が解決されない事例に多く出会い、無意識を洞察することよりも意識を洞察すること、つまり思考や感情から検討を深めていくことで問題を解決し、さらにはその変化は人間全体に、つまりは無意識にまで及ぼしうると考えて認知療法を始めたのです。

近年、アプローチが異なると言われる心理療法の諸派が、その異同を研究し、歩み寄っているように感じます。お互いを批判するのではなく、お互いの得意分野を活かし合おうとする姿勢が強まってきているようにも感じています。

そして、認知行動療法は、まさにそのようなさまざまなアプローチを取り入れることを得意としています。

「本を作る」という作業も、スモールステップの繰り返しでした。振り返ると、まさにこの作業自体も、認知行動療法の取り組みのようだったと感じます。すぐに書き進められたところもあれば、書きたい内容はあるものの整理されていない部分もあり、混乱をきたしたこともあります。しかしながら、そのような過程も私自身を振り返り、日々の取り組みを確認する機会となりました。

この本の完成に当たり、本当にたくさんの人のお世話になりました。制作に直接関わったみなさんは言うまでもありませんが、特に、私が日々のカウンセリングでお会いする方々からは、その取り組みに勇気をもらい、自由な視点で自らを広げていく姿と、その自由なアイデアに刺激を受け続けてきました。

そして、この本を手にしていただき、読み進めていただいたみなさん。何かしらお役に立つことがあったならば、これほど嬉しいことはありません。

認知行動療法がすべてではありません。ただ、研究者やカウンセラーなどの臨床家達は、絶えずよりよい支援をできるようにと、それぞれの取り組みを続けています。どのようなことも、必ず変化が訪れます。困ったことがあっても、休む一時はあっても、一歩一歩前に進んでいきましょう。

2016年4月

玉井　仁

【著者プロフィール】

玉井 仁（たまい　ひとし）

博士（学術）・臨床心理士・公認心理師・精神保健福祉士
玉井心理研究室主宰
現在、東京メンタルヘルス・カウンセリングセンター長も務める。
ロンドン大学ユニバーシティ・カレッジ・ロンドン卒業。現NPO法人青少年自立援助センター立ち上げスタッフとして勤務後、立正大学大学院（臨床心理学）修了。
ひきこもりで悩む人達への訪問、共同生活による支援から取り組みを始め、教育相談員としても活動。その後、CIAP嗜癖問題臨床研究所付属原宿相談室、IFF相談室長を経て現在に至る。人の体験するさまざまな苦しみを、家族関係や生い立ちとのつながりから整理しながら支援を進めてきた。人の衝動性に着目し、研究に取り組みながら、後進の育成にも努める。訳書に『わかりやすい認知療法』（二瓶社）、共編著に『ここがコツ！実践カウンセリングのエッセンス』（日本文化科学社）などがある。

●東京メンタルヘルス・カウンセリングセンター
住所　〒171-0021　東京都豊島区西池袋2-39-8　ローズベイ池袋ビル3階
HP　http://mentalhealth.jp/
電話　03-3986-3475

●こころアカデミー
HP　http://www.cocoaca.jp/
電話　03-3986-3229

●東京メンタルヘルス株式会社
HP　http://www.t-mental.co.jp/
電話　03-3986-3220

編集協力／トレンド・プロ
シナリオ制作／星井博文
作画・カバーイラスト／深森あき

マンガでやさしくわかる認知行動療法

2016年4月30日　初版第1刷発行
2025年3月20日　第26刷発行

著　者――玉井　仁

発行者――張 士洛
発行所――日本能率協会マネジメントセンター

〒103-6009 東京都中央区日本橋2-7-1 東京日本橋タワー
TEL 03（6362）4339（編集）／03（6362）4558（販売）
FAX 03（3272）8127（編集・販売）
https://www.jmam.co.jp/

装丁／本文デザインDTP――ホリウチミホ（ニクスインク）
印刷・製本――三松堂株式会社

ISBN 978-4-8207-1946-5 C0011
落丁・乱丁はおとりかえします。
PRINTED IN JAPAN